교회 안에서는 설교의 중요성이 항상 강조된다. 당연히 그 말씀을 전하는 설교자의 경건과 능력도 많은 사람들의 주요한 관심이 될 수밖에 없다. 좋은 일이다. 하지만, 설교를 듣는 자세와 방법에 대해서는 별다른 가르침이 없었다는 사실은 참 안타까운 일이다. 정작, 성경은 말씀을 전하는 자의 태도보다 듣는 사람들의 태도를 더 강조하고 있는데 말이다. 성경이 말씀을 듣는 자세를 강조하는 이유가 무엇인지 아는가? 선포되는 말씀을 바르게 분별하는 일과 은혜 안에서 자라 가는 일에 결정적인 영향을 미치기 때문이다. 정말 그렇다. 한 사람의 신앙의 깊이와 수준을 보여 주는 결정적인 바로미터가 말씀을 듣는 자세다. 이런 의미에서 손재익 목사의 책은 너무나 시의적절하다. 말씀을 듣는 자세와 태도에 대한 성경적인 원리를 바르게 익히고 배우는 일에 목마른 이들은 무조건 이 책을 읽으라. 말씀을 사모하는 모든 이들이 신앙의 큰 진보와 도약을 경험하게 되리라 확신하며 이 책을 추천한다.

김관성 행신침례교회 담임목사,『본질이 이긴다』,『살아 봐야 알게 되는 것』저자

좋은 설교의 방점이 단순히 설교 '하기'에 있지 않고, 설교 '듣기'에 있음을 잘 보여 주는 책이다. 설교자와 청중은 서로 으르렁거리는 적군도 아니고 차가운 눈빛으로 바라보는 평가자도 아니다. 오히려 성경적인 말씀 사역을 위해 서로 손잡고 나아가야 할 동반자이고 협력자다. 설교자는 기존의 설교학 책들을 통해 성심껏 설교를 준비하고, 청중은 여기 손재익 목사가 가르쳐 주는 잘 듣기의 원리를 마음에 새겨 예배의 자리에 임한다면, 그야말로 성경적이고 아름다운 설교의 역사가 일어나리라 믿는다. 신선한 접근과 좋은 글을 선물해 준 저자에게 고마움을 표한다.

채경락 고신대학교 설교학 교수,『쉬운 설교』저자,『팀 켈러의 설교』역자

내가 마귀라면(이건 상상일 뿐이다) 주일마다 예배당에 출석하는 이들이 이 책을 집지 못하도록 힘을 다해 방해할 것이다. 그들이 '어떻게 설교를 들어야 하는지' 앎으로써 좋은 설교자와 좋은 설교를 양산한다면 아주 끔찍한 일일 테니. 수요가 공급을 만들어 내듯(그 반대도 물론 있겠지만), 좋은 설교에 대한 갈망과 설교 듣는 법을 아는 신자들의 증가는, 복음을 전할 줄 아는 좋은 설교자들을 강단에 붙박이로 두게 하고, 저질 설교를 하는 설교자들을 교회에서 지속적으로 퇴출시키며, 주님의 포도원을 위해 일하려고 하는 목회자 후보생들에게 갈 길을 보여 줄 것이다. 하나님의 말씀이 온 교회에 울려퍼지며, 회중이 그것을 바르게 경청할 줄 알다니! 마귀에게 이렇게 끔찍한 일이 또 있을까?

이정규 시광교회 담임목사, 『회개를 사랑할 수 있을까?』, 『새가족반』 저자 설교, 어떻게 들을 것인가?

설교, 어떻게 들을 것인가?

손재익

좋은씨앗

하나님께서 '설교'의 미련한 것으로

믿는 자들을 구원하시기를 기뻐하셨도다.

고린도전서 1:21

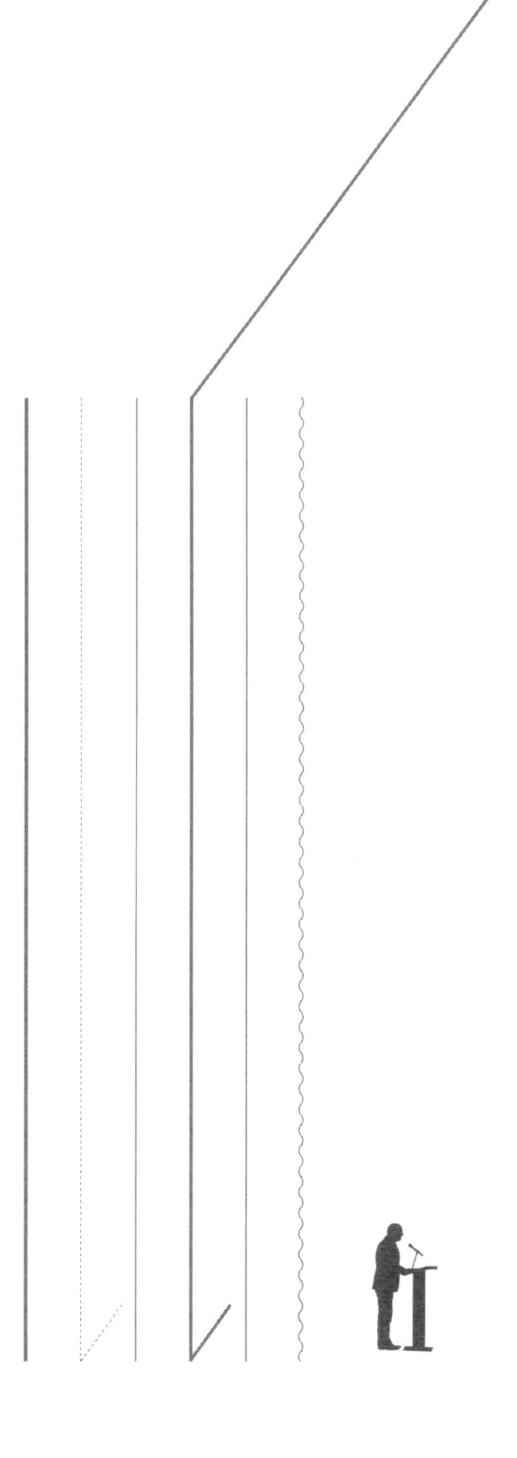

차·
례·

머리말: 아무도 가르쳐 주지 않았다 — 10

들어가며: 설교 듣는 법을 배워야 한다 — 14

1장. 설교, 왜 들어야 하는가? — 30

2장. 한 편의 설교가 전달되기까지 — 94

3장. 설교, 어떻게 들어야 하는가? — 116

4장. 더 좋은 설교를 들으려면 — 160

5장. 설교를 분별하라 — 172

6장. 설교를 듣고 난 뒤 — 212

7장. 어떻게 설교자를 도울 수 있는가? — 226

덧붙여: 인터넷 동영상 설교 시청에 대하여 — 244

나오며: 구경꾼에서 참여자로 — 248

머리말

아무도 가르쳐 주지 않았다.

설교 듣기, 신앙생활 하면서 가장 많이 하는 일 중 하나다. 설교 듣기의 중요성, 아무리 강조해도 지나치지 않다.

그런데 어떻게 설교를 들어야 하는지 아무도 가르쳐 주지 않는다. 초신자 교육 때도, 세례문답 때도, 제자반 교육 때도, 성경공부 시간에도, 그 어떤 모임에서도 가르쳐 주지 않는다. 평생 교회에 다니면서 설교를 듣지만 아무도 설교 듣는 법을 가르쳐 주지 않고, 아무도 배우려 하지도 않는다. 그냥 듣고, 듣다 보니 자연스럽게 듣는 법을 터득하는 게 전부다. 들으면서 요령과 실력(?)을 키울 뿐이다.

"설교, 어떻게 들을 것인가?"

이 책은 이 물음에 답을 주고자 한다. 아무도 가르쳐 주지 않는 '설교 듣는 법', 그 안타까움을 해결하기 위해서다. 이 책은 설교를 좀 더 효과적으로 듣기 원하는 신실한 그리스도인을 돕고자 한다. 신실한 설교자의 청중으로 살고 있음에도 불구하고, 설교에서 많은 것을 얻지 못해 갈급해하는 신자들을 위한 책이다.

설교 듣는 법을 다룬다고 하니 누군가는 이렇게 말할지도 모르겠다. "자기들(설교자)이 설교를 못하니까 이제는 우리(청중) 탓을 하네. 우리더러 듣는 법을 배우라고?" 오래전 이 책의 집필을 구상하며 지인에게 말했더니 그가 농담 반 진담 반으로 던진 말이다.

이 책의 독자 중에는 형편없는 설교를 들으면서 안타까워해 본 사람이 있을 것이다. 설교자에게 답답함도 느껴 보았을 것이다. "일주일에 한두 번밖에 못 듣는데, 일주일 내내 기다렸는데, 남들은 편안하게 쉬는 일요일에 애써 들으러 왔는데, 고작 이런 설교를 들으려고 그랬나?" 하는 자괴감이 들었는지도 모르겠다. 하지만 이런 결과는 설교자만의 책임이 아닐 수 있다. 설교 자체는 좋았으나 설교 듣는 법을 몰라서, 설교가 무엇인지를 이해하지 못해 생긴 오해의 결과일 수 있다.

형편없는 설교에 면죄부를 주기 위해 이 책을 쓴 것은 결코 아니다. 훌륭한 설교자뿐 아니라 훌륭한 청중도 있어야 한다는 것을 말하고 싶을 뿐이다. 좋은 설교를 듣기 위해서는 청중의 노력도 필요하다. 설교자는 대개 30-40분 남짓하는 한 편의 설교를 하기 위해 20-30시간 정도 준비를 한다. 반면에 아무 준비 없이 와서 설교를 듣는 청중이 많다. 설교자와 청중, 이 둘이 조화를 이루어야 한다. 훌륭한 설교자가 훌륭한 청중을 만들고, 훌륭한 청중이 훌륭한 설교자를 만든다. 이 책을 손에 쥔 당신이 그런 청중이 되기를 바란다.

이 책은 모든 그리스도인이 읽어야 한다. 설교를 들으면서 사는 모든 기독교 신자들이 읽어야 한다. 설교자도 읽어야 하고, 설교자의 아내도 읽어야 한다. 어쩌면 이 책은 무엇보다 설교자를 위한 책일는지도 모른다. 설교자가 '읽는' 책이라기보다는 설교자를 '돕는' 책이다. 설교의 본질을 밝히고, 설교를 효과적으로 듣는 법을 정리함으로써 청중으로 하여금 설교자와 함께 보다 완성된 설교를 이루어 가도록 도우니.

그래서 나는 이 책을 설교가 끝나자마자 또 다른 설교를 준비해야 하는 수많은 설교자들에게 바친다. 날마다 좁은 서재에서 말씀과 씨름하는 설교자들에게 바친다. 무엇보다 나의 부족한 설교를 꿋꿋이 참고 신실하게 들어주는 청중 한길교회 교우들에게 바친다. 그들이 나의 부족함을 다듬어 주고 있으니.

덧붙이자면, 이 책은 웨스트민스터 소요리문답 제90문답과 웨스트민스터 대요리문답 제160문답의 주석이다.

손재익

들어가며

설교 듣는 법을 배워야 한다.

● 준비하는 설교자, 준비하지 않는 청중

설교자의 서재를 들여다본 적 있는가? 문을 열면 책 냄새가 코끝을 살며시 두드린다. 벽면마다 책장이 줄지어 있고, 책장에는 높이가 저마다 다른 책들이 빼곡하다. 겹겹이 쌓여 있기도 하고, 가로 본능으로 누워 있기도 하며, 제자리를 찾지 못해 뒹굴고 있기도 하다. 책상 위도 마찬가지다. 컴퓨터 옆에 최근에 읽고 있는 책이 펼쳐져 있다. 어지러이 널려 있는 많은 책들이 모두 설교를 위한 책이다.

설교자는 설교를 위해 책을 많이 읽고 구비한다. 신학생 시절부터 용돈을 아끼고 생활비를 쪼개어 책을 사 모은다. 밥은 굶어도 책은 포기가 안 된다. 연세 많은 권사님이 "전도사님, 이 돈으로 책 사 보세요" 하며 슬며시 쥐어 주는 꼬깃꼬깃한 돈도 책을 모으는 데 큰 보탬이 된다. 신학교 졸업 후 심방과 설교로 교회를 섬기는 바쁜 중에도 책을 읽는다. 아내의 허락보다는 용서를 구하고, 용서보다는 눈치를 살핀다. 아이들 과자 사 줄 돈은 아껴도 책 사는 데는 돈을 아끼지 않는다. 그렇게 사서 모으고 읽은 책들이 웬만한 차 한 대 값이다.

설교자의 서재를 가득 채운 책들에는 조직신학, 성경신학, 교회사, 각종 주석과 설교집은 물론 인문사회과학 서적과 문학 작품도 있다. 특히 『설교와 설교자』, 『설교의 영광』, 『성경 해석과 성경적 설교』, 『창세기 어떻게 설교할 것인가』, 『전도설교』, 『쉬운 설교』, 『그리스도 중심 설교 이렇게 하라』, 『강해설교 작성법』, 『탁월한 설교 이렇게 하라』, 『스펄전 설교론』, 『목사님, 설교가 아주 신선해졌어요』처럼 설교와 직접 연관된 책들이 많다.

설교자는 설교를 위해 끊임없이 읽고 공부한다. 말하기 위해 쓰며, 쓰기 위해 읽는다. 읽어야만 쓸 수 있고, 써야만 말할 수 있기 때문이다. 읽고 쓰기를 반복한 끝에 청중 앞에 서서 말한다. 이 모두가 자신의 설교를 위한 일이지만, 결국은 설교를 듣는 양무리를 위한 일이다. 내가 아니라 남을 위한 일이다.

설교자는 앉으나 서나 설교 생각이다. 쉴 때도 놀 때도 여행을 가서도 심지어 잠자리에 들어서도 설교 생각이다. 머리맡에 메모지를 두고 자는 설교자도 많다. 갑자기 떠오른 문장을 기록하기 위해서다. 선후배 목사를 만나서도, 신학교 동기생을 만나서도 결국은 설교 이야기다. 설교자의 휴일이라 할 수 있는 월요일에도 좀처럼 쉬지 못한다. 혹여 어디를 가더라도 세미나나 공부 모임에 참석한다. 거액의 참

가비도 아끼지 않는다. 이 모두가 설교를 준비하기 위해서다. 설교 기술을 익히기 위해서든, 설교 내용을 풍성하게 하기 위해서든 휴일을 아끼지 않는다. 화요일부터 토요일까지 본문을 연구하고, 관련 서적을 읽고, 원고 쓰기와 고치기를 반복한다.

'어떻게 하면 설교를 잘할까?'
'어떻게 하면 하나님의 말씀을 잘 전할까?'
'어떻게 하면 교인들을 말씀으로 잘 가르칠까?'
'어떻게 하면 은혜를 끼칠까?'
이런 고민으로 일주일을 보낸다. 이것이 설교자의 삶이다.

―

이번에는 설교를 듣는 한 청중의 방 안이다. 설교를 듣기 위한 책이 있을까? '설교, 어떻게 들을 것인가?' 같은 제목의 책이 있을까? 대부분은 없다.

기독교 서점에도 설교자를 위한 책은 차고 넘치지만, 설교를 듣는 청중을 위한 책은 찾아보기 힘들다. 설교자를 위한 책은 1년에도 몇 권씩 나오지만, 설교를 듣는 청중을 돕는 책은 거의 없다.[1] 청중도 굳

---

[1] 박태현 교수(총신대 신학대학원 설교학)의 조사에 따르면, 국내는 물론 외국에도 설교 듣기 지침을 제시하는 단행본은 제이 아담스(Jay E. Adams, 미국 웨스트민스터 신학교 설교학 및 상담학) 교수가 쓴 『설교는 이렇게 들어야 합니다』(김성웅 옮김, 생명의말씀사, 1993)가 유일

이 그런 책을 찾지 않는다. 주일 예배를 마치고 집에 돌아와 성경책을 한 번도 펼치지 않는 경우가 대부분이다.

앉으나 서나 설교 생각뿐인 설교자에 비해 청중은 어떠한가? 대부분은 이르면 토요일 저녁 즈음은 되어야 다음 날에 드릴 예배 생각이 날 것이다. 그렇게라도 설교 들을 준비를 하는 사람은 극히 드물다. 10퍼센트도 안 될 것이다. 대부분은 설교 들을 준비를 전혀 하지 않는다. 미리 준비한다는 건 상상하기 어렵다. 설교를 듣는 그 시간에라도 주의 깊게 들으면 다행이다. '어떻게 하면 설교를 잘 들을까?'보다는 '어떻게 하면 설교 시간을 잘 견딜까?' 하는 생각이 대부분이다.

● 청중 없는 설교는 없다

설교를 하는 설교자와 설교를 듣는 청중 중에 누가 더 수가 많은가? 당연히 설교를 듣는 청중의 수가 많다. 설교자와 청중의 비율은 비교할 수 없을 정도다. 설교자는 예배에 참석한 전체 회중 가운데 오직

하다. 박태현, "청중의 설교학: 효과적 설교 청취의 기술 – 청교도를 중심으로", 〈한국개혁신학〉, 51호(2016), 62. 나는 이 책을 집필하면서 또 한 권의 책을 발견했다. 최성수, 『어떻게 하면 설교를 바르게 들을 수 있을까』(이화, 2017).

한 명이다. 예배에 열 명이 모이든, 만 명이 모이든 설교자는 한 명이다. 예배 중 강단에 여러 명의 설교자가 한꺼번에 오르지 않는다. 한 교회에 여러 설교자가 있더라도 동시에 강단에 오르지 않는다. 강단에 선 설교자 한 사람을 제외한 나머지 모두가 설교를 듣는 청중이다. 설교자는 설교할 때만 설교자이고, 다른 설교자의 설교를 들을 때는 청중이 된다. 청중은 설교자가 되는 일이 드물지만, 설교자는 종종 청중이 된다. 이런 점에서 교인은 모두 설교자는 아니지만 모두 청중이다.

예배 시간에 설교자만 있고 청중이 없을 수 없다. 청중 없는 예배란 없다. 간혹 설교자의 부재로 외부에서 다른 설교자를 초청해 설교를 듣는 경우가 있지만, 청중이 없다고 해서 청중을 초청하는 경우는 없다. 이처럼 설교는 듣는 사람의 비중이 절대적이다.

장로교회가 고백하는 웨스트민스터 신앙고백서(Westminster Confession of Faith, 1647년) 제21장 '종교적 예배와 안식일에 관하여'의 제5절은 다음과 같이 말한다.

> 5. 경건한 두려움으로 하는 성경 낭독(행 15:21, 계 1:3), 건전한 설교(딤후 4:2), 분별력과 믿음과 경외심을 가지고 하나님께 순종함으로 **말씀을 양심적으로 듣는 것**(약 1:22, 행 10:33, 마 13:19, 히 4:2, 사 66:2), 마음으로부터 은혜로 시편을 부르는 것(골 3:16, 엡 5:19, 약 5:13), 또한 그리스도께서 제정하신 성례를 시행하고 합당하게 받는 것이 하나

님께 드리는 통상적인 **예배의** 모든 **요소다**(마 28:19, 고전 11:23-29, 행 2:42). 이 외에도 종교적 맹세(신 6:13, 느 10:29), 서원(사 19:21, 전 5:4-5), 엄숙한 금식(욜 2:12, 에 4:16, 마 9:15, 고전 7:5), 특별한 경우에 드리는 감사(시 107편, 에 9:22)가 있다. 이런 요소들은 적절한 시기와 때에 따라 거룩하고 종교적인 방식으로 행해져야 한다(히 12:28).

웨스트민스터 신앙고백서 제21장 전체는 예배가 무엇인지를 다루는데, 그중에서 제5절은 예배의 요소에 대해 이야기한다. 예배는 성경 낭독, 설교, (시편) 찬송, 성례(세례와 성찬), 맹세, 서원, 금식, 감사 등 여러 요소가 모여 하나를 이룬다. 그 밖에 기도와 헌금도 예배에 포함된다. 이 모든 것은 개별적이면서 동시에 집단적이다. 순서 하나하나가 그 자체로 의미 있지만, 여럿이 모여 하나의 예배를 이룰 때 비로소 완전하다는 뜻이다. 특히 성경 낭독, 설교, 찬송, 기도 등은 빠져서는 안 된다. 이 중 어느 하나라도 빠지면 예배라고 할 수 없다.[2]

---

2. 한국 교회는 교회 공동체가 함께하는 모든 모임을 '예배'라고 부르는 경향이 있다. 그러나 주일 공예배가 아니라면 수요기도회, 금요기도회, 새벽기도회, 구역모임 등으로 구분하여 표현하는 것이 바람직하며, 이런 모임에서는 설교를 생략할 수 있다. 대한예수교장로회 고신, 합신, 통합 헌법의 경우 주일 예배를 제외한 다른 모임의 명칭을 분명히 구분하고 있지만, 해당 교단에 속한 교회들에서 통틀어 '예배'라고 부르는 경우가 다반사다. 대한예수교장로회(고신) 헌법(2011년판) 예배지침 제8장 '기도회' 제28조 (기도회의 의의); 대한예수교장로회(합신) 헌법(2010년판) 제5부 예배모범 제14장 기도회; 대한예수교장로회(통합) 헌법(2006년판) 제4편 예배와 예식 제4장 예배의 분류.

웨스트민스터 신앙고백서 제21장 제5절은 예배의 필수 요소로 "분별력과 믿음과 경외심을 가지고 하나님께 순종함으로 말씀을 양심적으로 듣는 것"을 언급한다. 한마디로 청중, 즉 설교 듣는 사람들을 말한다. 청중은 예배에 반드시 있어야 하는 요소다. 청중 없는 예배란 있을 수 없다.

대부분의 교회에서 매주일 발행하는 주보를 보면 예배 순서마다 담당자가 표기되어 있다. "인도자", "아무개 장로(혹은 집사)", "다 같이", "설교자", "아무개 목사", "맡은 이" 하는 식이다. 설교 담당자는 대부분 "설교자" 혹은 "아무개 목사", "아무개 강도사"라고 표기되지만 사실상 "다 같이"다. 설교를 하는 것은 설교자의 몫이지만, 설교를 듣는 것은 청중의 몫이기 때문이다. 대표기도 담당자가 "아무개 장로", "아무개 집사"로 쓰여 있어도 모두 함께 기도하는 것과 같다.

다 같이 찬송을 부르고, 다 같이 기도를 하듯 설교도 다 같이 한다. 다만 말하느냐 듣느냐의 차이일 뿐이다. 설교 시간에 설교자는 설교를 전달하는 일을, 청중은 하나님의 말씀을 성실하게 듣는 일을 맡는다. 설교에서 청중은 설교자만큼이나 중요하다.

● 우리는 청중으로 부르심을 받았다

설교는 예배에 참석한 모든 청중이 적극적으로 참여하는 순서다. 설교자와 청중이 서로를 바라보며 함께 호흡하는 시간이다. 그렇다면 설교자가 설교 '전할' 준비를 하는 것처럼, 청중도 설교 '들을' 준비를 해야 하지 않을까? 설교 듣는 법을 배워야 하지 않을까?

"설교자야 설교가 본업이니 공부하는 게 당연하지만, 청중인 우리까지 그럴 필요가 있나요?"라고 묻는 사람이 있을지 모르겠다. 하지만 어떤 일을 평생 매주 반복해야 한다면 그런 게 본업이 아니겠는가? 주님을 영접하고 교회에 다니면서 죽을 때까지, 주님이 다시 오실 때까지 매주 설교를 듣는 것이 우리 청중의 본업이고 삶이다.

하나님은 우리를 하나님의 말씀을 성실하게 듣는 자들로 부르셨다. 설교자만 부르심을 받은 게 아니다. 우리는 모두 청중으로 부르심을 받았다. 설교자만큼 철저하게는 아니어도(그렇게 할 필요도 없지만), 설교를 들을 최소한의 준비는 해야 하지 않겠는가?

설교자에게는 특별한 자격이 요구된다. 아무나 강단에 올라 설교를 할 수 없다. 설교를 하기 위해서는 설교자로서 은사가 있어야 하고, 은사를 키우기 위해 신학교에서 성경과 신학을 공부해야 한다. 설교가 무엇인지, 어떻게 하는 것이 바른지 배워야 하고, 최종적으로는 교회의 공적 부름을 받아야 한다.[3]

---

3. 손재익, '직분자를 세우기까지의 과정', 『교회의 직분자가 알아야 할 7가지』(공저; 세움북스, 2017), 64-72.

이에 대해 장로교회의 교리를 요약한 웨스트민스터 대요리문답(Westminster Larger Catechism) 제158문답은 다음과 같이 말한다.

> 158문: 하나님의 말씀은 누가 설교할 수 있습니까?
>
> 답: 하나님의 말씀은 충분한 은사를 받았을 뿐만 아니라(딤전 3:2, 6, 엡 4:8-11, 호 4:6, 말 2:7, 고후 3:6), 정식으로 인허되고 이 직분에 부름을 받은 사람만이 설교할 수 있습니다(렘 14:15, 롬 10:15, 히 5:4, 고전 12:28-29, 딤전 3:10, 4:14, 5:22).

반면에 설교 듣는 일은 아무나 할 수 있다. 설교 듣는 은사가 따로 필요하지 않다. 설교 듣는 법을 가르쳐 주는 학교도 없고, 자격증이 필요한 것도 아니다. 설교는 배우지 않아도 들을 수 있을 뿐 아니라 누구나 들어야만 한다. 설교를 듣는 일에는 어떤 제한도 없다. 남녀노소 누구나 들을 수 있다. 아니, 이 세상의 모든 죄인은 하나님의 말씀이 선포되는 설교를 반드시 들어야 한다.

설교는 누구나 들을 수 있고 배우지 않아도 들을 수 있지만, 그렇다고 해서 배우지 않아도 되는 것은 아니다. 설교 듣는 법을 배우면 설교를 더 잘 들을 수 있다. 찬송과 기도를 배우듯 설교 듣기도 배우면 유익이 크다. 매주일 듣는 설교가 내 귀에 더 은혜롭게 들릴 수 있다. 아무 생각 없이 듣던 설교가 이전보다 더 잘 들릴 수 있다. 그동안 나를 잠재우던 설교가 이제는 참으로 "살아 있고 활력이 있어 좌우에 날선 어떤 검보다도 예리하여 혼과 영과 및 관절과 골수를 찔러 쪼개기까지 하며 또 마음의 생각과 뜻을 판단"하게 될 것이다(히 4:12).

"설교를 듣는 것 자체가 공부인데, 그걸 위해 따로 시간을 내서 공부해야 한다니" 하는 푸념이 나올 수 있다. 사실 설교 듣는 법을 따로 배우지 않았더라도 오랫동안 설교를 들었다면 그 방법을 자연스럽게 익혔을 가능성이 높다. 서당개 3년이면 풍월을 읊는다는데, 신앙생활 20-30년에 설교는 못해도 듣는 정도야 누워서 떡 먹기일지 모른다.

설교자가 된 지 얼마 안 되었을 때, 어린 시절 내가 자란 교회의 은퇴 장로님에게 나의 설교 동영상을 보여 드릴 기회가 있었다. 장로님은 동영상을 보기 전에 웃으며 이렇게 말씀하셨다. "우리가 설교는 못하지만, 어떤 설교가 좋은지 들을 줄은 압니다."

평생 여러 설교자의 설교를 들어 왔다면 설교 듣는 법을 자연스럽게 익혔을지도 모른다. 그러나 상당수는 어깨너머로 배운 것이고 자의에 따른 판단일 수 있다.

이제 한번 제대로 배워 보자. 설교자가 설교 준비에 들이는 노력의 10퍼센트라도 시간을 내어 보자. 나는 과연 설교를 바르게 듣고 있는지 돌아보자. 교회생활을 하면서 가장 많이, 꾸준히 하는 일 중 하나가 설교 듣기가 아닌가? 그러니 설교 듣는 법을 공부하는 것도 나쁘지 않다. 무엇보다 그것은 나 자신을 위한 일이다.

● 강단의 빈곤은 우리 모두의 책임이다

모든 일에는 상호작용이 있다. 배우와 관객, 의사와 환자, 저자와 독자, 교사와 학생은 서로가 서로에게 영향을 끼친다. 무표정한 관객 앞에 선 배우의 연기는 무기력해지고, 아무 말 없는 환자를 진찰하는 의사는 답답하지 않을 수 없다. 반면에 좋은 서평으로 반응하는 독자 팬을 거느린 저자는 신이 나서 글을 쓰며, 질문하기를 좋아하는 학생을 둔 교사는 열심히 연구하고 가르친다.

설교자와 청중의 관계도 그러하다. 설교는 설교자의 독백 시간이 아니다. 설교자는 카메라나 벽을 보고 설교하지 않는다. 오롯이 청중의 눈을 바라보며 청중의 귀에 대고 말한다. 설교자는 입으로 청중에게 말하고, 청중은 귀와 눈으로 설교자에게 대답한다. 그렇게 소리 없는 대화가 이어진다. 설교는 언뜻 보기에 일방적인 것 같지만, 실은 처음부터 끝까지 설교자와 청중의 상호작용이다.[4]

그런 점에서 오늘날 한국 교회 강단의 빈곤에 대한 가장 큰 책임이 설교자에게 있는 것이 사실이나, 회중석에 앉은 청중의 책임도 무시할 수 없다.

---

4. "언어의 시간적인 특성은 상호대화다." 한수환, 『기독교적인 선포인가?』(지평, 2005), 32.

그들과 같이 우리도 복음 전함을 받은 자이나 **들은 바 그 말씀이 그들에게 유익하지 못한 것은 듣는 자가 믿음과 결부시키지 아니함이라**(히 4:2).

히브리서 기자는 들은 말씀이 유익을 끼치지 못하는 책임이 듣는 사람에게 있다고 지적한다. 아무리 잘 전해도 듣는 사람에게 문제가 있으면 말씀이 유익이 되지 못한다. 우리는 흔히 탁월한 설교자의 설교는 무조건 유익할 것이라고 생각하지만, 실은 그렇지 않다. 우리가 믿음으로 듣지 않는다면, 바울이 와서 설교한다 해도, 베드로가 와서 설교한다 해도 아무 유익이 없다.

웨스트민스터 신앙고백서 제21장 제5절은 예배의 필수 요소 중 하나로 "말씀을 듣는 것"을 언급하며, 그냥 간단히 듣는 것이 아니라 "분별력과 믿음과 경외심을 가지고 하나님께 순종함으로 말씀을 양심적으로 듣는 것"이라고 표현한다. 이처럼 청중은 하나님의 말씀을 단지 듣는 데서 그치지 않고, 분별력과 믿음과 경외심을 가지고 들은 말씀에 순종하는 자세를 가져야 한다. 그런 청중이 예배에 필요하다. 설교를 듣는 일은 귀에서 시작되지만, 궁극적으로는 마음에서 믿음으로 받아들일 때 역사가 일어난다.

설교자가 온 정성을 다해 설교를 준비하듯, 청중 역시 정성을 다해 설교 듣기를 준비해야 한다. 설교는 설교자의 말하기와 청중의 듣기의 상호작용이기 때문이다. 말씀을 바르게 전하는 설교자와 말씀을 믿음으로 받아 누리는 청중이 만날 때, 설교는 은혜로운 사역이 된다.

말씀을 듣는 자세의 중요성은, 인류 최초의 청중을 통해 엿볼 수 있다. 비유하자면, 역사상 첫 설교자는 하나님이고, 첫 청중은 아담이다. 첫 설교자 하나님은 첫 청중 아담에게 첫 설교에서 이렇게 말씀하신다.

> ¹⁶ 여호와 하나님이 그 사람에게 명하여 이르시되 동산 각종 나무의 열매는 네가 임의로 먹되 ¹⁷ 선악을 알게 하는 나무의 열매는 먹지 말라 네가 먹는 날에는 반드시 죽으리라 하시니라(창 2:16-17).

첫 설교자인 하나님은 어떤 의미에서 '실패'하셨다. 이 무슨 심한 말이냐고 놀라지 말라. 사실이 그렇다. 첫 설교자 하나님의 설교는 첫 청중 아담에게 '먹히지' 않았다. 첫 설교를 들은 첫 청중 아담은 들은 말씀을 지키지 않았다. 선악을 알게 하는 나무의 열매를 먹은 것이다.

이 실패의 책임은 누구에게 있는가? 설교자의 책임인가? 하나님께서 설교를 잘못하셨기 때문인가? 아니다. 청중의 책임이다. 설교자 하나님께서 말씀하셨으나, 청중 아담이 들은 말씀을 믿음에 결부시키지 않았다. 그는 오히려 설교자를 탓한다.

아담이 이르되 하나님이 주셔서 나와 함께 있게 하신 여자 그가 그 나무 열매를 내게 주므로 내가 먹었나이다(창 3:12).

설교자 하나님께서 돕는 배필로 주신 여자만 아니었다면 설교 말씀대로 살았을 것이라는 변명이다. 하나님 때문에 설교대로 살지 못했다는 것이다. 첫 청중인 아담은 자신의 잘못을 돌아보지 못하고 설교자를 탓하고 있다.[5]

이 책을 읽는 당신이 바로 아담이다. 당신이 바로 첫 청중이다(참조. 롬 5:12-19). 오늘날 많은 청중이 첫 청중인 아담과 다르지 않다. 자신을 돌아보기보다는 설교자를 탓한다. "나는 잘하려고 했는데 설교자에게 문제가 있다"고 평계를 댄다.

설교자를 탓하기 전에 자신을 돌아보자. 설교자가 아니라 내게 문제가 있는 건 아닌가? 나는 과연 설교를 잘 듣고 있는가? 그저 듣기만 할 뿐 그 밖의 노력은 전혀 하지 않는 건 아닌가?

---

5. 제이 아담스, 『설교는 이렇게 들어야 합니다』, 19-21.

1장

설교, 왜 들어야 하는가?

● 설교는 예배의 핵심이다

매주일 교회에 가면 설교를 듣는다. 한 번도 빠짐이 없다. 예배 시간의 대부분을 설교가 차지한다. 한 시간 남짓 드리는 예배의 반 이상이 설교다. 정확한 시간은 교회마다 설교자마다 다르지만, 설교가 예배에서 큰 비중을 차지한다는 점은 동일하다. 설교 없는 예배는 없다. '예배' 하면 생각나는 건 찬송, 기도, 헌금도 있지만 무엇보다도 '설교'다.

'설교 없이 예배드리면 안 될까?'
'설교는 5분 정도만 하고 찬송만 부르다 예배를 마치면 어떨까?'
'1년에 한두 번만이라도 설교 없는 주일이 있으면 좋겠다.'
누구나 한 번쯤 해본 생각이지 않은가? 솔직히 이런 생각을 한 번도 안 해봤다면 거짓말일 것이다.

사실 이런 마음은 어쩌면 설교자가 더 갖기 쉽다. 설교자야말로 설교 없는 예배를 원할는지 모른다. 설교 없는 주일은 설교자에게 휴식의 기회니까. 하지만 그런 제안을 하는 설교자는 아무도 없다. 왜 그럴까?

설교는 주일 예배에서 빠질 수 없는 요소이기 때문이다. 설교는 성경이 가르치는 예배의 핵심 요소다. 그렇기에 설교자는 아무리 힘들어도 설교를 쉬자고 할 수 없다. 설교자로서 성경에 반하는 행동을 할 수 없기 때문이다.

그럼에도 설교의 자리를 비집고 들어오려는 것들이 있다. 찬양, 간증, 스킷 드라마, 영상 등이다. 청중은 이런 것들이 설교를 대신해 주기를 은근히 바란다. 지겹고 딱딱한 설교보다는 디지털 세대에 익숙한 대체물로 예배를 채우고 싶어 한다. 하지만 성경은 설교야말로 주일 예배의 가장 중요한 요소라고 가르친다.

신약 예배와 설교

신약교회의 예배에서 설교는 가장 중요한 핵심이다. 설교 없는 예배는 상상할 수 없었다.

> 그들이 **사도의 가르침을 받아** 서로 교제하고 떡을 떼며 오로지 기도하기를 힘쓰니라(행 2:42).

사도행전 2장 42절은 초대 교회의 예배 모습을 단면으로 보여 준다. 오순절 성령 강림 사건을 통해 탄생한 초대 교회는 예배를 통해 사도의 가르침을 받고, 서로 교제하며, 떡을 떼고, 기도에 힘썼다.

여기서 '사도의 가르침을 받았다'는 건 '사도의 설교를 들었다'는 말의 다른 표현이다. 초대 교회 성도는 함께 모여서 사도가 가르치는 하나님의 말씀을 듣고, 들은 말씀에 기초하여 교제하며 기도했다. 사도는 말씀을 가르치기에 힘썼고, 성도는 말씀을 배우기에 힘썼다. 초대 교회에서 설교는 교회 공동체가 모이는 가장 중요한 이유 중 하나였다.

설교가 예배의 중요한 요소가 된 건 이때 비로소 이루어진 일은 아니다. 신약교회가 세워지기 전부터 설교는 이미 예배의 중요한 요소였다.

회당 예배와 설교

신약교회가 세워지기 전, 예수님께서 사역하시는 장면을 보자.

> [14] 예수께서 성령의 능력으로 갈릴리에 돌아가시니 그 소문이 사방에 퍼졌고 [15] 친히 그 여러 회당에서 가르치시매 뭇사람에게 칭송을 받으시더라 [16] **예수께서 그 자라나신 곳 나사렛에 이르사 안식일에 늘 하시던 대로 회당에 들어가사 성경을 읽으려고 서시매** [17] 이사야의 글을 드리거늘 책을 펴서 이렇게 기록된 데를 찾으시니 곧

¹⁸ 주의 성령이 내게 임하셨으니 이는 가난한 자에게 복음을 전하게 하시려고 내게 기름을 부으시고 나를 보내사 포로 된 자에게 자유를, 눈 먼 자에게 다시 보게 함을 전파하며 눌린 자를 자유롭게 하고 ¹⁹ 주의 은혜의 해를 전파하게 하려 하심이라 하였더라 ²⁰ 책을 덮어 그 맡은 자에게 주시고 앉으시니 회당에 있는 자들이 다 주목하여 보더라 ²¹ **이에 예수께서 그들에게 말씀하시되** 이 글이 오늘 너희 귀에 응하였느니라 하시니(눅 4:14-21).

신약교회가 세워지기 전에 회당 예배라는 것이 있었다. 정확히 언제부터 시작되었는지 알 수 없지만, 바벨론 포로기에 회당(會堂, synagoge)이 생기면서 나타난 것으로 보인다. 사방으로 흩어진 유대인들 대다수가 회당을 중심으로 예배를 드렸다. 회당 예배에는 구약시대에 드리던 희생제사가 없었다. 대신 성경 낭독과 그에 대한 해설, 그리고 기도가 대부분을 차지했다. 성경을 낭독한 다음, 그 말씀에 대해 해설하는 시간이 설교에 해당한다.

누가복음 4장 14-21절은 당시 풍습에 따라 예수님께서 회당 예배를 인도하시는 모습을 그리고 있다. 예수님은 안식일에 회당에 들어가신다. 그리고 성경을 낭독하기 위해 일어서신다. 회당 예배를 돕는 누군가가 선지자 이사야의 글을 예수님께 드린다. 예수님은 이사야서 61장 1-2절 부분을 펴시고, 본문의 의미를 가르치는 설교를 하신다.

회당 예배에 설교가 있었다는 사실을 사도행전 15장 21절도 증언하고 있다.

> 이는 **예로부터 각 성에서 모세를 전하는 자가 있어** 안식일마다 회당에서 그 글을 읽음이라 하더라(행 15:21).

"모세를 전하는 자"란 모세가 기록한 다섯 권의 책, 즉 '모세오경'을 설교하는 자'라는 뜻이다. 예전부터 각 성에서 모세오경을 설교하는 자들이 있었고, 그들이 안식일마다 회당에서 모세오경을 읽고 가르쳤다고 사도행전의 기록자인 누가는 설명한다. 누가의 설명을 통해 우리는, 정확히 언제부터였는지는 알 수 없으나 설교가 분명 오래전부터 내려온 전통이라는 사실을 알 수 있다.

구약 예배와 설교

신약 예배와 회당 예배뿐만 아니라 구약시대에도 설교가 있었다. 우리는 흔히 구약시대에는 제사만 지냈다고 오해하기 쉽다. 제사장이 성막에 들어가 동물을 잡아 피를 내고 하나님께 희생제사를 드리는 장면만 떠올리는 경우가 많다. 하지만 그렇지 않다. 구약시대에도 설교가 있었고, 제사장이 그 일을 맡았다.

> [9] 또 **모세가 이 율법을 써서 여호와의 언약궤를 메는 레위 자손 제사장들과 이스라엘 모든 장로에게 주고** [10] 모세가 그들에게 명령하

여 이르기를 매 칠 년 끝 해 곧 면제년의 초막절에 ¹¹ 온 이스라엘이 네 하나님 여호와 앞 그가 택하신 곳에 모일 때에 이 **율법을 낭독하여 온 이스라엘에게 듣게 할지니** ¹² 곧 백성의 남녀와 어린이와 네 성읍 안에 거류하는 타국인을 모으고 **그들에게 듣고 배우고 네 하나님 여호와를 경외하며 이 율법의 모든 말씀을 지켜 행하게 하고** ¹³ 또 너희가 요단을 건너가서 차지할 땅에 거주할 동안에 **이 말씀을 알지 못하는 그들의 자녀에게 듣고 네 하나님 여호와 경외하기를 배우게 할지니라**(신 31:9-13).

이스라엘 백성은 제사장과 장로에게 말씀을 듣고 배워야 했고, 제사장과 장로는 이스라엘 백성에게 말씀을 설교해야(가르쳐야) 했다. 제사장의 손에는 희생제물의 피만 묻어 있는 게 아니라 하나님의 말씀이 들려 있었다. 그들의 입술에서는 하나님의 말씀이 선포되었다. 백성들을 말씀으로 가르치고, 그들로 하여금 말씀을 따라 행하게 하는 것이 제사장의 중요한 사명이었다. 제사장은 설교자였다.

제사장이 하나님의 말씀을 설교하는 장면이 느헤미야서에 기록되어 있다.

¹ 이스라엘 자손이 자기들의 성읍에 거주하였더니 일곱째 달에 이르러 모든 백성이 일제히 수문 앞 광장에 모여 학사 에스라에게 여호와께서 이스라엘에게 명령하신 모세의 율법책을 가져오기를 청

하매 ² 일곱째 달 초하루에 **제사장 에스라가 율법책을 가지고 회중 앞 곧 남자나 여자나 알아들을 만한 모든 사람 앞에 이르러** ³ 수문 앞 광장에서 새벽부터 정오까지 남자나 여자나 알아들을 만한 **모든 사람 앞에서 읽으매 뭇 백성이 그 율법책에 귀를 기울였는데**

⁴ 그때에 학사 에스라가 특별히 지은 나무 강단에 서고 그의 곁 오른쪽에 선 자는 맛디댜와 스마와 아나야와 우리야와 힐기야와 마아세야요 그의 왼쪽에 선 자는 브다야와 미사엘과 말기야와 하숨과 하스밧다나와 스가랴와 므술람이라 ⁵ 에스라가 모든 백성 위에 서서 그들 목전에 책을 펴니 책을 펼 때에 모든 백성이 일어서니라 ⁶ 에스라가 위대하신 하나님 여호와를 송축하매 모든 백성이 손을 들고 아멘 아멘 하고 응답하고 몸을 굽혀 얼굴을 땅에 대고 여호와께 경배하니라

⁷ 예수아와 바니와 세레뱌와 야민과 악굽과 사브대와 호디야와 마아세야와 그리다와 아사랴와 요사밧과 하난과 블라야와 레위 사람들은 **백성이 제자리에 서 있는 동안 그들에게 율법을 깨닫게 하였는데** ⁸ **하나님의 율법책을 낭독하고 그 뜻을 해석하여 백성에게 그 낭독하는 것을 다 깨닫게 하니** ⁹ 백성이 율법의 말씀을 듣고 다 우는지라 총독 느헤미야와 제사장 겸 학사 에스라와 백성을 가르치는 레위 사람들이 모든 백성에게 이르기를 오늘은 너희 하나님 여호와의 성일이니 슬퍼하지 말며 울지 말라 하고(느 8:1-9).

제사를 맡은 제사장 에스라와 레위 사람들이 이스라엘 백성에게 말씀을 선포했다(2절). 그들은 성경을 읽을 뿐만 아니라 그 뜻을 해석하여 백성들로 하여금 듣는 내용을 깨닫게 했다(7-8절). 이때 남자든 여자든 알아들을 만한 모든 사람들이 참여했고(2절), 모두가 율법의 말씀에 귀를 기울였다(3절).

지금까지 살펴본 것처럼, 성경은 설교가 예배의 중요한 요소임을 보여 주고 있다. 성경의 가르침에 따르면 설교 없는 예배란 없다. 신약시대에나 구약시대에나 설교는 예배의 꽃이다. 이것은 지금도 마찬가지다.

중세시대에 사라졌던 설교

설교는 예배의 핵심이다. 이는 오랜 전통이고, 무엇보다 성경이 가르치는 바다. 그럼에도 설교가 잠시 사라졌던 시대가 있다. 암흑기라고 불리는 중세시대다. 중세시대에 설교는 예배에서 설 자리를 잃었다. 교회가 성경의 가르침에서 점점 멀어지면서 결국 성경을 설교하는 일에서도 멀어졌다.

'설교가 없었다고? 정말 좋았겠다.' '부럽다. 지금도 그러면 얼마나 좋을까!' 혹시 이런 생각을 하는 사람이 있을지 모르겠다. 그런데 정말 설교가 사라진 그 시대가 좋았을까? 설교가 없던 그 시대 사람들은 오랜 시간 설교를 듣는 우리를 불쌍히 여길까?

아니다. 중세시대가 달리 암흑기가 아니다. 하나님의 말씀을 가르치고 설명하는 설교가 사라지면서 교회는 점차 진리에서 멀어졌다. 잠시는 좋았는지 몰라도 결국은 많은 것을 잃었다.

설교라는 행위 자체가 사라진 건 아니었다. 있었지만 유명무실했다. 설교인 듯 설교 아닌 설교 같은 것은 있었다. 있었지만 짧았다. 짧아도 너무 짧아서 성경의 가르침을 받기에는 턱없이 부족했다. 짧기만 할 뿐 아니라 당시 설교자들이 설교를 중요하게 생각지 않아 제대로 설교 준비를 하지 않았다. 심지어 성경을 잘 몰랐다. 설교 시간은 성자들(Saints)의 생활담이나 전설로 채워졌다. 설교가 성경에서 나오지 않았다. 청중이 설교를 알아듣든 못 알아듣든 그저 설교자를 바라보고 있기만 해도 충분하다고 생각했다. 설교자는 일부러 청중이 알아듣지 못하게 설교했고, 일반인이 모르는 라틴어로 설교하는 것을 고상하게 여겼다.

이런 상황에서 교인들은 차츰 하나님의 말씀을 배울 기회를 잃어버렸다. 글을 읽지 못하는 문맹자가 대부분이고, 성경책을 개인이 소유하기 어려운 시대였다. 교회당에 와야만 하나님의 말씀을 들을 수 있었는데, 교회에서 설교가 없어지다시피 하니 하나님의 말씀을 들을 수 있는 유일한 기회를 박탈당한 것이다. 결국 교회와 개인의 삶은 하나님의 말씀에서 점점 멀어졌다. 진리의 말씀은 교인들의 삶에서 희미해져만 갔다. 이런 시대였기에 면죄부를 사면 천국에 갈 수 있다는 말이 쉽게 먹혀들었다. 어떤 말을 해도 군중은 속아넘어갔다.

오늘날 우리는 설교 시간이 짧으면 좋겠다고 말한다. 설교 시간이 조금만 길어져도 지루해 한다. 일주일 168시간 중에 하나님의 말씀을 듣는 시간은 고작 40분 내외다. 이 시간마저 줄어들거나 없어진다면 어떻게 될까? 설교 시간이 짧아진다는 것은, 그만큼 하나님의 말씀을 배울 기회를 잃는다는 것이고, 결국에는 하나님의 말씀에서 멀어지게 된다. 그 피해는 고스란히 우리가 떠안아야 한다.

묵시가 없으면 백성이 방자히 행하거니와…(잠 29:18).

설교의 위치를 회복시킨 종교개혁
종교개혁은 중세가 잃어버린 설교의 위치를 회복시켰다. 예배의 핵심인 설교를 제자리로 돌려놓았다.

종교개혁자 마르틴 루터(Martin Luther, 1483-1546년)는 믿음이란 들음, 즉 설교에서 나온다고 보았다. 듣지 않고서는 구원의 도리를 깨달을 수 없다고 보았다. 그래서 설교 시간에 하나님의 말씀을 선포해야 한다고 주장했다. 하나님의 말씀이 선포되지 않는 예배는 예배라 할 수 없다고 비판했다. 예배 시간에 하나님의 말씀을 설교하지 않는다면, 찬송도 성경 낭독도 심지어 교회에 모이는 것 자체도 의미가 없다고 말할 정도로 설교를 강조했다. 이후로 "설교 없는 예배는 없다"가 복음주의 교회의 중요한 사상이 되었다.

교회의 역사를 보면, 설교가 부흥할 때 항상 개혁과 부흥이 일어났다. 16세기 종교개혁 시대, 17-18세기 부흥운동 시대를 모두 설교가 이끌었다. 당시에 훌륭한 설교자가 배출되었고 강단은 풍요로웠다. 루터, 칼뱅, 녹스, 츠빙글리 등은 모두 위대한 설교자였다.[6] 그 당시의 설교 시간은 최소한 한 시간이었다. 심지어 두 시간, 다섯 시간가량 계속되기도 했다.

● 설교란 무엇인가?

설교를 잘 듣기 위해서는 설교가 무엇인지 알아야 한다. 그렇지 않다면 설교를 제대로 들을 수 없고, 들어도 돌아오는 유익이 적을 수밖에 없다. 자기가 듣고 싶은 것만 듣고, 자기 생각과 다를 때 실망하고 비판하게 되기 때문이다.[7] 혹여 잘못된 설교를 들어도 분별하지 못한다. 설교에 대한 바른 이해가 설교 듣기의 성패를 좌우한다.

설교에 대해 아무도 가르쳐 주지 않는다
대부분의 그리스도인들이 설교가 무엇인지 배우지 못한다. 설교에 대해 아무도 가르쳐 주지 않는다. 하나님, 예수님, 성령님, 교회, 죄와

---

6. 마틴 로이드 존스, 『청교도 신앙 – 그 기원과 계승자들』, 서문강 옮김(생명의말씀사, 2002), 530.

7. 최성수, 『어떻게 하면 설교를 바르게 들을 수 있을까』, 10.

구원, 종말, 교회 섬김과 봉사, 헌금, 찬송, 기도에 대해서는 교회에서 듣거나 배울 기회가 많다. 찬송과 기도의 경우, 특강이나 훈련을 통해 심도 있게 배우고 연습도 한다. 그러나 설교는 그렇지 않다. 아무도 가르쳐 주지 않는다. 배울 기회가 없다.

그냥 오랜 세월 설교를 듣다가 스스로 판단한다. "설교는 이런 것이겠구나" 하는 자신만의 가치관을 갖게 된다. 그러다 보니 설교에 대한 이해가 저마다 다르다. 설교가 무엇인지 아는 건 '설교를 어떻게 들을 것인가'의 중요한 전제가 된다. 설교를 어떻게 정의하느냐에 따라 좋은 설교의 기준과 평가가, 설교를 듣는 이유가, 설교를 듣고 나서의 행함이 달라지기 때문이다.

"우리 목사님은 설교 시간에 너무 성경 이야기만 해"라고 말하는 사람에게 설교란 성경을 언급하지 않을수록 좋은 것이다. 그러나 그것은 '다른' 생각이 아니라 '틀린' 생각이다. 성경을 이야기하지 않는 설교는 설교가 아니기 때문이다. 교장 선생님의 훈화나 TV, 문화센터의 유명 강사가 가르치는 삶의 지혜와 다를 바 없다.

"우리 목사님은 설교 시간에 세상의 흐름을 잘 설명해 줘서 좋아"라고 말하는 사람에게 설교란 하나님의 말씀 선포가 아니라 일종의 시사 토크쇼다. 그런 내용은 어쭙잖은 설교자에게 듣기보다는 뉴스나 시사 프로그램에서 접하는 편이 훨씬 유익하다.

"우리 목사님은 설교 시간에 재미있는 예화를 많이 들려주어 지루하지 않고 좋다"라고 말하는 사람에게 설교란 소설이나 수필 혹은 한 편의 재미있는 예능이다. 우리는 연설이나 강의를 듣기 위해, 처세술을 익히기 위해, 웃고 즐기기 위해 예배에 참석하고 설교를 듣는 것이 아니다.

그렇다면 설교란 무엇인가?

부활하신 예수님께서 하늘에 오르기 전, 제자들에게 말씀하셨다.

> 내가 너희에게 분부한 모든 것을 **가르쳐 지키게 하라** 볼지어다 내가 세상 끝날까지 너희와 항상 함께 있으리라 하시니라(마 28:20).

여기서 '가르쳐 지키게 하는 것'이 설교다. 설교에 포함되어야 할 내용은 "내가 너희에게 분부한 모든 것"이며, 설교를 한다는 것은 부활하신 예수님께서 주신 명령을 실천하는 일이다.

사도들은 부활하신 예수님의 명령에 순종했다. 그들은 많은 사람들을 가르쳤고 가르친 것을 지키게 했다. 다름 아닌 설교를 통해 그렇게 했다. 사도들의 행적을 담은 사도행전에는 사도들이 설교한 흔적이 아주 많이 기록되어 있다.

> 그들이 **사도의 가르침**을 받아 서로 교제하고 떡을 떼며 오로지 기도하기를 힘쓰니라(행 2:42).

그들[사도들]이 날마다 성전에 있든지 집에 있든지 예수는 그리스도
라고 **가르치기와 전도하기를** 그치지 아니하니라(행 5:42).

빌립이 하나님 나라와 및 예수 그리스도의 이름에 관하여 **전도함**
을 그들이 믿고 남녀가 다 세례를 받으니(행 8:12).[8]

바울과 바나바는 안디옥에서 유하며 수다한 다른 사람들과 함께
주의 말씀을 **가르치며 전파하니라**(행 15:35).

바울이 회당에 들어가 석 달 동안 담대히 하나님 나라에 관하여 **강
론하며 권면하되**(행 19:8).

그들이 날짜를 정하고 그가 유숙하는 집에 많이 오니 바울이 아침
부터 저녁까지 **강론하여** 하나님의 나라를 **증언하고** 모세의 율법과
선지자의 말을 가지고 예수에 대하여 **권하더라**(행 28:23).

개역개정과 개역한글 성경에는 '설교'라는 단어가 한 번도 나오지
않는다. 대신 '가르침', '전도', '전파', '강론', '권면', '증언' 같은 표현이 쓰

---

8. 빌립은 사도는 아니었지만, 그가 행한 설교와 세례 사역은 사도적 직임이다.

인다. 모두 설교의 다른 표현들이다. 설교란 가르치고, 전도하고, 전파하고, 강론하고, 권면하고, 증언하는 것이다. 성경은 설교가 지닌 다양한 성격에 따라 이와 같이 표현한다. 이처럼 사도시대를 기록하고 있는 사도행전은, 사도들이 부활하신 예수님의 명령을 따라 가는 곳곳마다 설교하는 모습을 기록한다.

> [1] 하나님의 종이요 예수 그리스도의 사도인 나 바울이 사도 된 것은 하나님이 택하신 자들의 믿음과 경건함에 속한 진리의 지식과 [2] 영생의 소망을 위함이라 이 영생은 거짓이 없으신 하나님이 영원 전부터 약속하신 것인데 [3] 자기 때에 **자기의 말씀을 전도**(preaching)**로 나타내셨으니 이 전도는 우리 구주 하나님이 명하신 대로 내게 맡기신 것이라**(딛 1:1-3).

사도 바울은 자신이 그동안 감당해 온 설교 사역이 곧 구원자이며 부활하신 예수 그리스도(하나님)께서 맡기신 명령임을 분명히 한다. 부활하신 주님의 명령을 따라 설교하는 일에 수고했던 사도 바울(딤전 1:12, 2:7, 딤후 1:11, 딛 1:3)은 디모데를 목사로 세우고 나서 이렇게 말한다.

> 내가 이를 때까지 읽는 것과 권하는 것과 가르치는 것에 전념하라 (딤전 4:13).

여기서 "읽는 것"은 성경 낭독이고, "권하는 것과 가르치는 것"은 설교다(행 2:42, 5:42, 15:35, 19:8, 28:23). 설교자는 청중에게 성경을 읽어 주어야 하고, 읽은 것을 토대로 권하고 가르쳐야 한다. 이것은 사도의 명령이요, 부활하신 그리스도의 명령이며, 말씀의 저자이신 성령 하나님의 명령이다.

또 바울은 말한다.

너는 말씀을 전파하라 때를 얻든지 못 얻든지 항상 힘쓰라 범사에 오래 참음과 가르침으로 경책하며 경계하며 권하라(딤후 4:2).

"너는 말씀을 전파하라"를 한국 교회는 "전도하라"로 오해하는 경우가 많다. 그런데 이 말은 영어성경(NIV, KJV, NASB)에 의하면 "Preach the Word", 즉 "설교하라"다. 뒤에 나오는 가르치고, 경책하며, 경계하며, 권하는 것 역시 설교다(행 2:42, 5:42, 15:35, 19:8, 28:23). 여기서 사도 바울은 목회자 디모데에게 설교를 하라고 말한다. 설교는 다름 아니라 하나님의 말씀을 청중에게 가르치고, 경책하며, 경계하며, 권하는 것이다. 바울은 때를 가리지 말고 설교 사역에 항상 힘쓰라는 권면을 한다.

디모데 이후에 오고 오는 교회들은 설교자를 세웠다(딤후 2:2). 지금도 그들은 가르치고, 전도하고, 선포하고, 증거하고, 강론하고, 권면하는 일을 계속해서 이어 가고 있다. 우리의 눈앞에 서 있는 설교자가 바로 그 역사의 결과물이다.

설교란 무엇인가? 설교는 사람들이 만들어 낸 수단이 아니라 하나님께서 허락하신 은혜의 방편이다. 부활하신 예수님께서 명령하신 방식이다. 사도들의 명령이다.

설교란 하나님의 말씀을 선포하는 것이다. 하나님의 복음을 증거하는 것이다. 예수님이 그리스도이심을 전하는 것이다. 하나님께서 자신이 갖고 있는 구원의 뜻을 말씀 봉사자를 통해 사람들에게 공적으로 선포하시는 행위다.

설교란 하나님의 말씀을 가르치는 것이기도 하다. 하나님의 뜻을 드러내는 것이다. 하나님의 말씀대로 살 것을 권면하는 것이다. 설교에는 선포, 증거, 가르침, 계시, 권면 등의 요소가 있다.

설교는 또한 하나님의 말씀에 담긴 놀라운 비밀을 선포하는 것이다. 예수 그리스도께서 우리의 죄를 위해 십자가에서 죽으셨음을 증거하는 것이다. 하나님과 예수 그리스도께서 분부하신 것을 가르쳐 지키게 하는 시간이다(마 28:20).

> [1] 형제들아 내가 너희에게 전한 복음을 너희에게 알게 하노니 이는 너희가 받은 것이요 또 그 가운데 선 것이라 [2] 너희가 만일 내가 전한 그 말을 굳게 지키고 헛되이 믿지 아니하였으면 그로 말미암아 구원을 받으리라 [3] **내가 받은 것을 먼저 너희에게 전하였노니** 이는 성경대로 그리스도께서 우리 죄를 위하여 죽으시고(고전 15:1-3).

설교자 바울은 자기의 말이 아니라 하나님의 말씀을 전했다. 하나님에게서 말씀을 받아 하나님을 전했다. 구약의 선지자들 역시 오직 하나님의 말씀을 전했다. 하나님은 구약시대에 선지자 직분을 세우기로 약속하시며 다음과 같이 말씀하셨다.

[15] 네 하나님 여호와께서 너희 가운데 네 형제 중에서 너를 위하여 나와 같은 선지자 하나를 일으키시리니 너희는 그의 말을 들을지니라 [16] 이것이 곧 네가 총회의 날에 호렙 산에서 네 하나님 여호와께 구한 것이라 곧 네가 말하기를 내가 다시는 내 하나님 여호와의 음성을 듣지 않게 하시고 다시는 이 큰 불을 보지 않게 하소서 두렵건대 내가 죽을까 하나이다 하매 [17] 여호와께서 내게 이르시되 그들의 말이 옳도다 [18] 내가 그들의 형제 중에서 너와 같은 선지자 하나를 그들을 위하여 일으키고 **내 말을 그 입에 두리니 내가 그에게 명령하는 것을 그가 무리에게 다 말하리라**(신 18:15-18).

훗날 선지자 예레미야를 부르실 때도 같은 말씀을 하셨다.

[1] 베냐민 땅 아나돗의 제사장들 중 힐기야의 아들 예레미야의 말이라 [2] 아몬의 아들 유다 왕 요시야가 다스린 지 십삼 년에 여호와의 말씀이 예레미야에게 임하였고 [3] 요시야의 아들 유다의 왕 여호야김 시대부터 요시야의 아들 유다의 왕 시드기야의 십일 년 말까

지 곧 오월에 예루살렘이 사로잡혀 가기까지 임하니라 ⁴ 여호와의 말씀이 내게 임하니라 이르시되 ⁵ 내가 너를 모태에 짓기 전에 너를 알았고 네가 배에서 나오기 전에 너를 성별하였고 너를 여러 나라의 선지자로 세웠노라 하시기로 ⁶ 내가 이르되 슬프도소이다 주 여호와여 보소서 나는 아이라 말할 줄을 알지 못하나이다 하니 ⁷ 여호와께서 내게 이르시되 너는 아이라 말하지 말고 내가 너를 누구에게 보내든지 너는 가며 내가 네게 무엇을 명령하든지 너는 말할지니라 ⁸ 너는 그들 때문에 두려워하지 말라 내가 너와 함께 하여 너를 구원하리라 나 여호와의 말이니라 하시고 ⁹ 여호와께서 그의 손을 내밀어 내 입에 대시며 여호와께서 내게 이르시되 **보라 내가 내 말을 네 입에 두었노라**(렘 1:1-9).

구약의 선지자나 신약의 사도들이 하나님의 말씀을 그대로 전한 것처럼, 설교는 하나님의 말씀을 선포하는 시간이다. 설교자는 사도나 선지자는 아니지만 그들의 직임을 이어받아 사명을 감당한다. 그러므로 하나님의 말씀을 전하는 것이 설교다.

설교 시간은 설교자 개인의 생각이나 의견, 소신을 피력하는 시간이 아니다. 설교자 개인의 간증 시간이 아니다. 설교자의 인생관이나 가치관을 전하는 시간이 아니다. 설교자가 성경을 읽으면서 느낀 소감을 나누는 시간이 아니다. 정치, 경제, 사회, 문화 등에 대한 자기 견해를 밝히고 청중에게 강요하는 시간도 아니다(간혹 그런 설교자가 있지만, 그건 설교가 아니다). 설교자는 하나님의 말씀을 맡은 하나님의 대사(大使)다.

설교에는 예언적 요소도 있다. 앞으로 일어날 일을 점치는 게 아니라 경계하는 것을 의미한다. 예컨대 "장차 우리 주님이 오셔서 이 세상을 심판하실 것입니다"라는 설교는 예언적 설교다.

설교에는 책망의 요소도 있다. 우리가 바르게 살지 못할 때, 하나님의 말씀대로 행하지 않을 때, 그릇 행하여 각기 제 길로 갈 때, 하나님께서 설교자의 입을 통해 우리를 책망하신다.

우리는 종종 이런 말을 한다. "에이, 또 설교하네!" "제발, 설교하지 마!" 여기서 설교는 잔소리라는 뜻으로 쓰이고 있다. 듣고 싶지 않은데 반복해서 들어야 하는 긴 훈계를 의미한다. 일반적으로 설교에 대해 가지고 있는 부정적인 인식을 잘 보여 준다.

그러나 설교는 우리를 불편하게 하는 게 아니라 돕기 위해 존재한다. 잘못된 길을 가는 우리를 바로잡고자 한다. 잔소리와 책망처럼 들릴 수 있지만, 사실은 듣는 이들을 위한 사랑의 메시지다. 하나님은 예배에서 가장 긴 그 시간을 통해 우리를 바른 길로 인도하신다. 우리를 향해 사랑의 음성으로 속삭이신다.

설교가 무엇인지 잘 보여 주는 예를 성경에서 찾아볼 수 있다.

[17] 바울이 밀레도에서 사람을 에베소로 보내어 교회 장로들을 청하니 [18] 오매 그들에게 말하되 아시아에 들어온 첫날부터 지금까지 내

가 항상 여러분 가운데서 어떻게 행하였는지를 여러분도 아는 바니 [19] 곧 모든 겸손과 눈물이며 유대인의 간계로 말미암아 당한 시험을 참고 주를 섬긴 것과 [20] 유익한 것은 무엇이든지 공중 앞에서나 각 집에서나 거리낌이 없이 **여러분에게 전하여 가르치고** [21] 유대인과 헬라인들에게 **하나님께 대한 회개와 우리 주 예수 그리스도께 대한 믿음**을 증언한 것이라 [22] 보라 이제 나는 성령에 매여 예루살렘으로 가는데 거기서 무슨 일을 당할는지 알지 못하노라 [23] 오직 성령이 각 성에서 내게 증언하여 결박과 환난이 나를 기다린다 하시나 [24] 내가 달려갈 길과 주 예수께 받은 사명 곧 **하나님의 은혜의 복음을 증언하는 일**을 마치려 함에는 나의 생명조차 조금도 귀한 것으로 여기지 아니하노라 [25] 보라 내가 여러분 중에 왕래하며 **하나님의 나라를 전파하였으나** 이제는 여러분이 다 내 얼굴을 다시 보지 못할 줄 아노라 [26] 그러므로 오늘 여러분에게 증언하거니와 모든 사람의 피에 대하여 내가 깨끗하니 [27] 이는 내가 꺼리지 않고 **하나님의 뜻을 다** 여러분에게 전하였음이라(행 20:17-27).

사도 바울은 에베소 교회의 장로들을 초청해 당부의 말을 전하면서, 자신이 에베소에 머무는 동안 무슨 사역을 했는지 상기시킨다. 그는 하나님에 대한 회개와 예수 그리스도에 대한 믿음을 가르쳤다(21절). 하나님의 은혜의 복음을 증언했다(24절). 하나님 나라를 전파했다(25절). 하나님의 뜻을 다 전했다(27절). 바울은 설교를 통해 회개와 믿음, 은혜의 복음, 하나님 나라를 전했으며, 이를 위해 그들의 죄인 됨을 가르쳤고, 죄인 됨을 분명히 인식시키기 위해 하나님의 율법과 공의와 저주, 심판 등을 증거했다.

바울의 말에 따르면, 설교란 회개와 믿음을 전하는 일이다. 하나님의 은혜의 복음을 증언하는 일이다. 하나님 나라를 전파하는 일이다. 하나님의 뜻을 하나도 남김없이 전하는 일이다. 특히 바울은 설교(강론) 사역을 통해 하나님 나라를 전했다(25절). 바울은 에베소 교회뿐 아니라 가는 곳마다 하나님 나라를 전했다.

> 바울이 회당에 들어가 석 달 동안 담대히 **하나님 나라**에 관하여 강론하며 권면하되(행 19:8).

> 그들이 날짜를 정하고 그가 유숙하는 집에 많이 오니 바울이 아침부터 저녁까지 강론하여 **하나님의 나라**를 증언하고 모세의 율법과 선지자의 말을 가지고 예수에 대하여 권하더라(행 28:23).

> [30] 바울이 온 이태를 자기 셋집에 머물면서 자기에게 오는 사람을 다 영접하고 [31] **하나님의 나라**를 전파하며 주 예수 그리스도에 관한 모든 것을 담대하게 거침없이 가르치더라(행 28:30-31).

사도행전의 기록자 누가는 바울이 하나님 나라를 설교했음을 강론, 권면, 증언, 전파라는 다양한 표현으로 설명한다. 다음은 설교가 무엇인지 단적으로 보여 주는 장면이다.

> ²⁴ 수일 후에 벨릭스가 그 아내 유대 여자 드루실라와 함께 와서 바울을 불러 **그리스도 예수 믿는 도를 듣거늘** ²⁵ 바울이 **의와 절제와 장차 오는 심판을 강론하니** 벨릭스가 두려워하여 대답하되 지금은 가라 내가 틈이 있으면 너를 부르리라 하고(행 24:24-25).

24절에 나오는 "그리스도 예수 믿는 도를 듣거늘"(listened to him as he spoke about faith in Christ Jesus)을 풀어서 설명하면, "사도 바울이 벨릭스에게 그리스도 예수를 믿는 도를 전했고, 벨릭스는 사도 바울에게서 그 도를 들었다"는 말이다. 벨릭스의 입장에서는 '도를 들었고', 바울의 입장에서는 '도를 전했다'. '도를 전한다'는 말은 25절의 표현을 빌리자면, '도를 강론한다'는 말이다. 말했다시피 강론이란 설교의 다른 표현이다(행 19:8, 28:23).

사도 바울은 그리스도 예수를 믿는 믿음을 설교했다. 설교의 주제는 믿음, 의, 절제, 장차 오는 심판이다. 믿음과 의는 구원에 관한 것이고, 절제는 신자의 생활과 윤리에 관한 것이다. 장차 오는 심판은 예언적 설교다. 사도 바울의 설교에는 설교가 무엇인지 잘 요약되어 있다.

이에 따르면, 설교에는 반드시 다음과 같은 내용이 포함되게 마련이다. 하나님이 어떤 분이신지, 그분이 하신 일은 무엇인지, 인간은 어떤 존재인지, 죄의 본질과 비참함, 은혜 언약, 예수 그리스도의 신성과 인성, 예수 그리스도께서 하신 일, 구원에 이르는 길인 믿음, 중생과 회심, 칭의와 성화, 교회의 본질과 영광, 예배, 성례, 예수님의 재림과 최후심판, 죽은 자의 부활, 신자의 삶과 기독교 윤리 등 성경에서 언급하는 모든 주제들이 선포된다. 설교에는 하나님 나라의 풍성하고 광대한 사상이 담긴다.

설교의 원료인 성경은 어느 특정한 내용만을 담고 있지 않다. 삼위일체 하나님의 사랑과 그 존재의 신비, 세상과 사람을 향한 계획, 그리고 행하신 일들이 기록되어 있다. 십자가를 통해 드러내신 사랑과 은혜가 기록되어 있다. 복음의 호방함과 풍성함이 담겨 있다. 교회의 본질과 예배의 아름다움이 있다. 성도가 살아가는 삶의 이정표가 있다. 장차 누릴 하나님과 성도의 영광이 있다. 이처럼 성경은 부요하고 방대하며 풍요로운 내용을 담고 있으며, 설교에도 이러한 풍성함이 담기게 마련이다.

역사상 가장 탁월한 설교자 중 한 명인 찰스 스펄전(Charles Haddon Spurgeon, 1834-1892년)도 성경 전체가 다루는 모든 교리를 골고루 설교할 것을 강조했다.

> 우리는 모든 교리를 균형 있게 가르쳐 우리의 사역에 충실을 기하는 것을 목표로 삼아야 합니다. 성경의 각 부분에 동등하게 관심을 가져야 합니다. 교리, 계명, 역사, 모형, 시, 잠언, 체험, 경고, 약속, 초

청, 위협, 책망 등 영감 된 진리 전체를 가르침의 범주에 포함시켜야 합니다. 한쪽으로 치우치는 것을 혐오합시다. 한 진리를 지나치게 과장하고 다른 진리를 무시해 버리는 식이 되지 않도록 해야 합니다. 진리라는 초상화를 그 특색에 맞추어 균형 있게 다양한 색깔로 그리기를 힘씁시다. 그렇지 않으면, 진리를 왜곡하게 되고, 신실한 초상화가 아니라 만화를 그려서 진리를 욕되게 하는 일이 생길 것입니다.[9]

설교자는 설교를 통해 삼위 하나님께서 하신 일을 증거하고, 그리스도의 구원 사역을 전파하고, 아직 회심하지 않은 자의 회심을 요청하고, 이미 중생하여 그리스도인으로 살아가는 자에게는 그에 합당한 삶을 살도록 요구하며, 장차 오실 그리스도에 대한 소망을 담는다. 이 중 어느 하나만을 강조하지 않고 골고루 다 전한다.

> 이는 내가 꺼리지 않고 **하나님의 뜻을 다** 여러분에게 전하였음이라 (행 20:27).

---

9. 찰스 H. 스펄전, 『스펄전 설교론』(Lectures to My Students), 원광연 옮김(크리스챤다이제스트, 2003), 139. 이 책은 『목회자 후보생들에게』라는 제목으로도 번역되어 있다.

사도 바울은 에베소 교회의 장로들과 작별인사를 나누면서 자신의 사역에 대해 "내가 하나님의 뜻을 다 전했다"고 회고한다. 바울에게 설교란 어떤 특정한 주제만 전하는 게 아니었다. 바울은 신자가 알아야 할 하나님의 뜻 전부를, 성경이 가르치는 하나님의 모든 뜻(the whole counsel of God)을 전했다. 이렇게 설교는 하나님의 뜻을 다 전하는 것이다. 바울의 이 고백은 철저히 예수님의 명령을 실천한 것이었다. 부활하신 예수님은 제자들에게 이렇게 말씀하셨다. "내가 **너희에게 분부한 모든 것**을 가르쳐 지키게 하라"(마 28:20). 예수님께서 분부하신 모든 것을 가르치는 것이 설교다.

종종 그리스도만을 전하는 것이 설교라고 생각하는 사람들이 있다. 그리스도가 설교의 중심이 되어야 한다는 생각은 참 좋지만, 설교가 성경 전체를 다루어야 한다는 점을 염두에 두어야 한다. 때로는 교회의 본질과 영광에 대해서도 논해야 하고, 종말에 대해서도 이야기하며, 동성애나 안락사, 이혼 같은 윤리적인 문제도 다루어야 한다.

가장 좋은 설교는 본문이 말하는 바를 설교하는 것이다. 본문은 성경의 영감에 대해 기록하고 있는데, 본문과 전혀 상관없이 예수 그리스도의 사랑을 이야기한다면, 그 설교는 전혀 좋은 설교가 아니다. 본문은 신자의 바람직한 삶을 다루고 있는데, 그리스도의 탄생을 이야기하는 설교 역시 좋은 설교가 아니다. 아무리 좋은 내용이라 할지라도.

설교란 하나님의 말씀을 그대로 전파하는 것이다. 설교자는 이 일에 부르심을 받아 섬기는 자다. 사람들이 듣기 원하는 것이 아니라 죄인들이 들어야 할 것을 전하고, 사람들의 마음을 달래 주는 것이 아니라 죄인들에게 하나님의 소원을 나타내는 것이 바로 설교다. 그리고 그 일에 부르심을 받아 수고하는 이들이 설교자다.

이제 내가 사람들에게 좋게 하랴 하나님께 좋게 하랴 사람들에게 기쁨을 구하랴 내가 지금까지 사람들의 기쁨을 구하였다면 그리스도의 종이 아니니라(갈 1:10).

● 설교, 왜 중요한가?

'설교가 없었으면 좋겠다.' '설교를 없애기 어렵다면 짧기라도 했으면 좋겠다.' 이런 생각은 이 세상에 설교가 생긴 이후로 지금까지 계속 있어 왔다. 나만 이런 생각을 하는 건 아닌가 자책하지 말라. 아마 내 옆자리, 뒷자리에 앉은 사람도 이런 생각을 해보았을 것이다. 이 땅의 모든 청중이 해본 생각이고, 앞으로도 계속될 것이다.

이런 생각을 하는 건, 설교가 왜 중요한지 모르기 때문이다. 설교의 중요성을 안다면, 설교가 없어졌으면 하는 생각은 전혀 들지 않을 것이다.

주 여호와의 말씀이니라 보라 날이 이를지라 내가 기근을 땅에 보내리니 양식이 없어 주림이 아니며 물이 없어 갈함이 아니요 여호와의 말씀을 듣지 못한 기갈이라(암 8:11).

하나님의 말씀이므로

설교는 하나님의 말씀 선포다. '하나님에 관한 말씀'이 아니라 '하나님께서 하시는 말씀'이다. 사람인 설교자의 입을 통해 우리 귀에 전달되지만, 설교는 사람의 행위이기 전에 하나님의 행하심이고, 사람의 말이기 전에 하나님의 말씀이다.

이러므로 우리가 하나님께 끊임없이 감사함은 **너희가 우리에게 들은 바 하나님의 말씀을 받을 때에 사람의 말로 받지 아니하고 하나님의 말씀으로 받음이니 진실로 그러하도다** 이 말씀이 또한 너희 믿는 자 가운데에서 역사하느니라(살전 2:13).

데살로니가 교회 성도들은 설교를 하나님의 말씀으로 여겼다. 종교개혁자들은 이 말씀에 근거해 설교를 하나님의 말씀 자체로 보았다. 칼뱅은 설교자를 "하나님의 입"이라고 표현했다.

스위스의 개혁자 하인리히 불링거(Heinrich Bullinger, 1504-1575년)는 제2스위스 신앙고백서(Second Helvetic Confession, 1566년) 제1장에서 "하나님의 말씀에 대한 설교는 하나님의 말씀이다"(*Praedicatio verbi Dei* est verbum Dei)라고 고백했다. 좀 더 구체적으로는 "하나님의 말씀이 합법적으로 부름받은 설교자를 통해 설교될 때, 우리는 하나님의 말씀 자체가 선포된다는 사실과 이 하나님의 말씀 자체가 믿는 자들에 의해 받아들여진다는 사실을 믿는다. … 선포되는 말씀은 그것을 선포하는 목사의 말로 여겨서는 안 된다. 목사는 비록 악하고 죄인이라 할지라도 선포되는 하나님의 말씀은 참되고 선하다"라고 표현했다.

마르틴 루터도 비슷한 말을 했다. "설교자가 설교하는 말을 우리는 하나님의 말씀이라고 불러야 한다. 그 직무는 설교자의 것이 아니라 하나님의 것이고, 그가 전하는 말도 설교자의 말이 아니라 하나님의 말씀이기 때문이다."

오늘날처럼 설교답지 않은 설교가 횡행하는 시대에는 이런 말을 쉽게 받아들이기 어려울지 모르겠다. 그러나 지금도 신실하게 하나님의 말씀이 선포되는 강단의 설교는 그 자체로 하나님의 말씀이다.

불링거의 제2스위스 신앙고백서는 1566년에 작성되었다. 루터가 개혁을 시작한 것이 1517년이니 종교개혁이 일어나고 그다지 오래되지 않았을 때다. 당시의 설교자들이 대부분 대단한 인물이었을 것이라고 막연히 생각하기 쉽지만 실은 그렇지 않다. 루터, 칼뱅, 츠빙글리, 불링거 같은 위대한 설교자들이 있었지만, 동시에 형편없는 설교자들도 즐비하던 시대다. 설교자들이 자신의 형편없는 설교를 가리기 위해 "설교는 곧 하나님의 말씀이다"라는 선언을 방패로 악용할 소지가 충분히 있었다. 그럼에도 불구하고 불링거를 비롯한 개혁자들은 설교가 곧 하나님의 말씀임을 분명히 선언했다.

교회의 표지이므로

설교는 교회에 꼭 있어야 할 표지(標識, marks)다. 개혁자들은 그리스도의 교회에 반드시 필요한 세 가지 표지로 말씀, 성례, 권징을 언급했다.[10] 여기서 '말씀'이란 기록된 성경이 아니라 선포되는 말씀, 즉 설교를 가리킨다. 설교가 곧 교회의 표지임은 개혁자 귀도 드 브레(Guido de Brès, 1522-1567년)가 작성한 벨기에 신앙고백서(Belgic Confession, 1561년) 제29조에 잘 나타나 있다.

> 제29조 참 교회와 거짓 교회의 표지
>
> 우리는 오늘날 세상에 있는 모든 분파들이 스스로 교회라는 이름을 내세우고 있기 때문에, 어떤 교회가 참 교회인가를 하나님의 말씀에 따라 진지하고도 매우 신중하게 분별해야 함을 믿습니다(계 2:9). 여기서 우리는 선한 자들과 섞여 있어 외형적으로는 교회 안에 있지만 사실은 교회에 속해 있지 않는 위선자들에 대해 말하는 것이 아닙니다(롬 9:6). 참 교회의 몸과 교제는 자칭 교회라 부르는 모든 분파들로부터 반드시 구별되어야 함을 말합니다.

---

10. 장 칼뱅, 『기독교 강요』, 4권 1장 9절.

참 교회는 다음의 표지들로 알 수 있습니다. **참 교회는 순수한 복음 설교를 선포합니다**(갈 1:8, 딤전 3:15). 참 교회는 그리스도께서 제정하신 대로 성례의 순수한 집행을 계속해서 유지합니다(행 19:3-5, 고전 11:20-29). 참 교회는 죄를 교정하고 징벌하는 교회의 권징을 실행합니다(마 18:15-17, 고전 5:4-5, 13, 살후 3:6, 14, 딛 3:10). 간단히 말해, 참 교회는 순수한 하나님의 말씀에 따라 스스로를 다스리고(요 8:47, 17:20, 행 17:11, 엡 2:20, 골 1:23, 딤전 6:3), 거기에 반대되는 모든 것을 배격하며(살전 5:21, 딤전 6:20, 계 2:6), 예수 그리스도를 교회의 유일한 머리로 생각합니다(요 10:14, 엡 5:23, 골 1:18). 참 교회는 이러한 표지로 분명하게 알려지기에, 그 누구도 이 교회로부터 분리될 권리를 가지고 있지 않습니다.

이 교회에 속한 자들은 그리스도인의 표지들로 알 수 있습니다. 그들은 예수 그리스도를 유일하신 구주로 믿고(요 1:12, 요일 4:2), 죄를 멀리하고 의를 추구하며(롬 6:2, 빌 3:12), 좌로나 우로 치우침 없이 참되신 하나님과 이웃을 사랑하며(요일 4:19-21), 자신의 육체와 행위를 십자가에 못 박습니다(갈 5:24). 비록 그들에게 큰 연약함이 남아 있다 할지라도, 그들은 전 생애 동안 성령님으로 말미암아 그 연약함에 대항해 싸웁니다(롬 7:15, 갈 5:17). 그들은 끊임없이 예수 그리스도의 피와 고난과 죽음과 순종에 호소하고, 그분 안에서 그분을 믿는 믿음을 통해 죄 사함을 얻습니다(롬 7:24, 25, 요일 1:7-9).

거짓 교회는 하나님의 말씀보다 교회 자체와 교회 규례들에 더

많은 권위를 부여합니다. 거짓 교회는 그리스도의 멍에에 자신을 복종시키려 하지 않습니다(행 4:17-18, 딤후 4:3-4, 요이 1:9). 거짓 교회는 그리스도께서 당신의 말씀에서 명령하신 대로 성례를 시행하지 않고, 자기들에게 좋게 생각되는 대로 그 성례에서 더하기도 하고 빼기도 합니다. 거짓 교회는 예수 그리스도보다는 사람에게 더 의존합니다. 거짓 교회는 하나님의 말씀에 따라 거룩하게 사는 사람들과 거짓 교회의 죄와 탐욕과 우상숭배를 꾸짖는 사람들을 핍박합니다(요 16:2). 이 두 교회는 쉽게 알 수 있어 서로 구별됩니다.

개혁자들에 따르면 참 교회에는 반드시 설교가 있어야 한다. 하나님의 순수한 복음이 선포되어야 한다. 하나님의 말씀이 선포되는 곳에 교회가 있고, 교회가 있는 곳에 하나님의 말씀이 있다. 교회당 간판이 교회임을 알리는 것이 아니라 선포되는 말씀이 교회가 있음을 알린다. 여기서 '선포되는 말씀'이란 하나님의 참된 말씀이요 순수한 복음이다. 하나님의 말씀이 선포되지 않는 교회는 생명력과 존재 가치를 잃는다. 참 교회라고 말하기가 어렵다.

하나님의 찾아오심이므로

설교는 하나님의 찾아오심이다. 설교는 하나님의 자기 주심(God's self-giving)이다. 설교는 하나님께서 우리에게 자신을 주시는 은혜의 행위다.

말씀 자체이신 하나님은 말씀으로 임재하신다. 청중은 설교를 통해 하나님과 만난다. 하나님의 백성들은 말씀하시는 하나님을 예배 중에, 설교 중에 만난다. 영이신 하나님은 우리 눈에 보이지 않으신다(요 4:24, 딤전 6:16). 그러한 하나님을 우리는 선포되는 말씀을 통해 만날 수 있다. 하나님은 늘 우리와 함께하시지만 설교를 통해 우리에게 다가오신다. 그러므로 선포되는 설교 없이는 하나님의 임재를 온전히 경험할 수 없다.

설교는 성경 읽기보다 중요하다

그리스도인 중에 성경책이 없는 사람은 없을 것이다. 집집마다 성경책이 한 권 이상은 있다. 집안 곳곳에 성경책이 뒹굴고 있는 경우도 흔하다. 먼지가 수북이 쌓인 채 책장을 장식하고 있기도 한다.

그러나 100년 전만 해도 그리스도인 가정마다 성경책이 있는 건 아니었다. 여러 권은커녕 한 권도 소유하기가 어려웠다. 종이가 아닌 양피지에 기록된 성경, 인쇄가 아닌 필사로 전수되던 시대에 감히 개인이 성경을 소지할 수 없었다. 종이가 발명되고 인쇄술이 발전한 후에도 상당히 오랫동안 개인이 성경을 소지하기가 쉽지 않았다. 가격이 매우 비쌌기 때문이다.

설령 성경책을 구비하더라도 읽지 못하는 경우가 많았다. 글을 읽을 줄 모르는 사람이 태반이었기 때문이다. 문맹률이 오늘날처럼 낮아진 것은 아주 최근의 일이다. 우리나라는 세종대왕 덕분에 쉬운

한글을 읽고 쓰지만, 오늘날에도 여전히 문맹률이 높은 나라가 많다. 게다가 마르틴 루터가 성경을 독일어로 번역하고, 윌리엄 틴데일(William Tyndale, 1494-1536년)이 영어로 번역하기 전까지는 대개 라틴어로 기록된 성경, 혹은 히브리어와 헬라어로 된 성경밖에 없었다. 글을 읽을 줄 모르는데 개인이 성경을 가지고 있어 봐야 아무 소용이 없었다. 개개인이 성경을 소지하고, 성경을 날마다 읽는 것은 기독교 전체 역사에서 아주 짧은 기간에 해당한다.[11]

언제 어디서든 성경책을 구할 수 있고, 읽을 수 있는 것은 물론이고, 스마트폰으로 설교를 골라서 들을 수 있는 우리는 성경을 읽고 설교를 듣는 일을 예전보다 가볍게 생각하기 쉽다.

앞선 시대를 살았던 믿음의 선배들의 일상을 머릿속에 그려 보면, 인류 역사에서 하나님께서 의도하신 바는 읽는 것 이전에 듣는 것임을 알 수 있다. 성경이 '읽는 것'에 기본을 둔 것이었다면, 하나님께서 읽을 수 있는 환경을 일찍이 조성해 주시지 않았겠는가? 구텐베르크 때까지 기다리지 않고 모세 때부터 이미 최첨단 인쇄 기술을 허락하셨을 것이다. 글을 읽지 못하는 사람들이 많지 않도록 일찍이 대학과 교육을 발달시키셨을 것이다. 이미 오래전부터 많은 이들의 손에 성

---

11. 손재익, "성경 읽기와 신앙생활", ⟨Knowing the Times⟩, 7호(기독교세계관학교, 2016), 99-101.

경을 쥐어 주셨어야 했다.

하지만 그러지 않으셨다는 것은, 성경이 '듣는 것'을 기본으로 한다는 사실을 보여 준다. 그리스도인은 하나님의 말씀을 '읽는 자'이기 전에 '듣는 자'다. 신앙생활에서 하나님의 말씀은 '듣는 것'이 기초가 된다. 모든 그리스도인은 하나님의 말씀을 들어야 한다. 특히 주일 예배 설교 시간에 그러하다.

개혁자들은 은혜의 방편을 말할 때 '말씀'을 언급했는데, 여기서 말씀은 '성경을 읽는 것'이 아니라 '선포되는 말씀', 즉 설교를 뜻한다. 장로교회의 아버지 토머스 카트라이트(Thomas Cartwright, 1553-1603년)는 "설교는 성경을 읽는 것 이상으로 필수적인 일"이고, "불이 더 높은 열을 촉발시키는 것처럼 말씀도 설교를 통해 내뿜어질 때 읽을 때보다 더 큰 불길을 일으킨다"라고 말했다.[12]

역사상 가장 재미없게 설교했던, 무미건조한 목소리로 말씀을 전했던, 그러나 언제나 하나님의 말씀을 명확히 해석하고 청중을 회심케 하는 복음을 담아 선포했던 조나단 에드워즈(Jonathan Edwards, 1703-1758년)는 그의 대표적 저서 『신앙감정론』(Religious Affections)에서 이렇게 말한다.

---

12. 조엘 비키, 마크 존스, "청교도의 설교 (1)," 『청교도 신학의 모든 것』, 김귀탁 옮김(부흥과 개혁사, 2015), 779; 로이드 존스, 『청교도 신앙 – 그 기원과 계승자들』, 533.

신적인 일들을 사람의 마음과 정서에 각인시키는 것은, 참으로 하나님께서 세우신 하나의 위대하고 중요한 목적이다. 그래서 하나님은 성경에 기록된 당신의 말씀이 설교를 통해 열리고 적용되며 사람의 마음에 새겨지기를 원하신다. 단순히 훌륭한 성경 주석이나 성경 강해서, 또는 좋은 경건 서적들을 가진다고 해서 하나님께서 설교라는 제도를 세우실 때 마음속에 품으셨던 목적을 충족하지 못한다. 설교 말고도 이런 서적들이 하나님의 말씀을 적절하게 교리적으로 또한 철학적으로 이해시키는 것 같지만, 설교만큼 사람의 마음과 정서에 인상을 심어 주는 힘이 없기 때문이다. 하나님은 당신의 말씀을 설교로 사람에게 특별히 생생하게 적용하기로 결정하셨다. 설교야말로 믿음과 경건에 속한 중요한 사항들, 즉 인간 자신의 비참함에 대해, 그 비참함을 치유하는 치료책의 필요성에 대해, 그리고 하나님께서 제공하신 치유책의 영광스러움과 충분함에 대해 죄인들을 감정적으로 깨우칠 수 있는 적절한 도구다. 설교는 종종 성도들이 이미 알고 있거나 배운 바 있는(벧후 1:12-13) 경건에 속한 위대한 일들을 다시금 기억하게 하고, 성도들에게 적절한 체계로 제시함으로써 성도들의 순수한 마음을 각성시키고 그들로 하여금 감정을 불러일으키게 한다.[13]

---

13. 조나단 에드워즈, 『신앙감정론』, 정성욱 옮김(부흥과개혁사, 2005), 175.

성경책을 누구나 소유한 시대에도 여전히 선포되는 말씀이 중요하다. 선포되는 말씀인 설교는 성경 읽기와 공부, 경건 서적 묵상, 성경 주석이나 강해서 읽기와 비교할 수 없다. 하나님은 글보다는 말로 우리에게 가르쳐 주시기를 기뻐하신다. 읽기보다 듣기가 중요하다.

> 그러므로 믿음은 들음에서 나며, 들음은 그리스도의 말씀으로 말미암았느니라(롬 10:17).

● 설교, 어떤 유익을 주는가?

우리가 설교를 들어야 하는 것은, 설교 자체가 중요하기 때문이기도 하지만 설교가 유익을 주기 때문이다. 그 유익은 헤아릴 수 없이 많다. 무엇보다 하나님이 누구신지, 예수님이 누구신지, 성령님이 누구신지를 가르쳐 준다. 믿지 않는 자에게 믿음을 불러일으키며, 잠자는 영혼을 흔들어 깨우고, 죄인을 회개하게 한다. 성도로 하여금 하나님의 말씀을 사랑하고, 말씀이 분부한 대로 살며, 주님의 거룩한 신부인 교회를 사랑하게 한다. 신자로 하여금 하나님의 영광을 바라보게 하며, 장차 영원토록 누릴 영광스러운 천국을 소망하게 한다. 이 모두가 설교가 주는 유익들이다.

삼위일체 하나님을 알게 한다

설교는 하나님의 말씀인 성경에서 나온다. 성경에는 하나님이 누구신지, 예수 그리스도가 누구신지, 성령 하나님이 누구신지가 기록되어 있다. 설교를 통해 우리는 삼위일체 하나님이 누구신지를 배울 수 있다. 삼위일체 하나님의 존재와 신비, 삼위일체 하나님의 속성, 삼위일체 하나님께서 행하신 일, 삼위일체 하나님께서 원하시는 일, 삼위일체 하나님의 영광 등이 무엇인지 설교를 듣고 알 수 있다. 뛰어난 설교자 바울이 전한 건 다름 아닌 "예수님은 누구신가?"였다.

> [1] 그들이 암비볼리와 아볼로니아로 다녀가 데살로니가에 이르니 거기 유대인의 회당이 있는지라 [2] 바울이 자기의 관례대로 그들에게로 들어가서 세 안식일에 성경을 가지고 강론하며 [3] 뜻을 풀어 그리스도가 해를 받고 죽은 자 가운데서 다시 살아나야 할 것을 증언하고 이르되 내가 너희에게 전하는 이 **예수가 곧 그리스도라** 하니(행 17:1-3).

데살로니가 교회에서 3주라는 짧은 시간을 보낸 바울은, 성경에 기록된 대로 그리스도께서 고난 당하시고 죽은 자 가운데서 다시 살아나셔야 할 것을 설교한 뒤에 자기가 전하는 핵심이 '예수님은 그리스도시다'에 있음을 분명히 밝힌다.

설교가 주는 유익 중 가장 으뜸은, 우리의 창조주와 구속주와 성화주가 되시는 삼위일체 하나님을 아는 것이다(참고. 하이델베르크 요리문답 제24문답). 청중은 설교를 들을 때 하나님과 예수 그리스도를 아는 지식(요 17:3)을 배우고자 간절히 사모해야 한다.

믿음을 불러일으킨다

설교는 복음 선포다. 복음은 믿지 않는 자에게 믿음을 불러일으킨다. 믿지 않는 사람, 즉 불신자가 거듭나서 믿음을 갖게 되는 것은 전적으로 설교를 통해 가능하다. 설교는 믿음을 불러일으키기에 유익하다.

> 그런즉 그들이 믿지 아니하는 이를 어찌 부르리요 **듣지도 못한 이를 어찌 믿으리요** 전파하는 자가 없이 어찌 들으리요(롬 10:14).

> 그러므로 **믿음은 들음에서 나며** 들음은 그리스도의 말씀으로 말미암았느니라(롬 10:17).

위의 말씀대로, 듣지 못하면 믿을 수 없다. 믿음은 들음에서 나온다. 들음이란 곧 설교다. 그러므로 설교는 믿기 위한 최소한의 수단이다. 하나님께서 우리에게 믿음을 주기 위해 허락하신 기본 통로다. 듣지 않고도 믿을 수는 없다.

> 그가 그 피조물 중에 우리로 한 첫 열매가 되게 하시려고 자기의

뜻을 따라 **진리의 말씀으로** 우리를 낳으셨느니라(약 1:18).

너희가 거듭난 것은 썩어질 씨로 된 것이 아니요 썩지 아니할 씨로 된 것이니 살아 있고 항상 있는 **하나님의 말씀으로** 되었느니라(벧전 1:23).

야고보서 1장 18절의 "낳으셨느니라"는 하나님께서 우리를 새 생명으로 낳으셨다는 취지에서 '거듭남'을 의미한다. 우리가 어떻게 거듭날 수 있었는지를 설명하는 구절이다. 베드로전서 1장 23절도 거듭남의 수단에 대해 이야기한다. 두 구절에 따르면 사람이 거듭나는 것은 하나님의 말씀을 듣는 일, 즉 설교를 통해 일어난다.[14]

이 구절에 근거해 개혁교회의 교리를 요약해 놓은 하이델베르크 요리문답 제65문답과 장로교회의 교리를 요약해 놓은 웨스트민스터 신앙고백서 제14장 1절, 웨스트민스터 소요리문답 제89문답, 웨스트민스터 대요리문답 제155문답은 다음과 같이 고백한다.

---

14. 거듭남에 기여하는 설교자의 역할에 대해서는 앤서니 후크마, 『개혁주의 구원론』, 이용중 옮김(부흥과개혁사, 2012), 157-160을 보라.

하이델베르크 요리문답

65문: 오직 믿음으로만 우리가 그리스도와 그분의 모든 은덕에 참여할 수 있는데, **이 믿음은 어디에서 옵니까?**

답: 성령님에게서 옵니다(요 3:5, 고전 2:12, 12:3, 엡 2:8, 빌 1:19). 그분은 **거룩한 복음의 설교로 우리의 마음에 믿음을 일으키며**(행 16:14, 롬 10:17, 약 1:18, 벧전 1:23), 성례의 시행으로 믿음을 굳세게 하십니다(마 28:19, 고전 11:26).

웨스트민스터 신앙고백서

제14장 구원에 이르는 믿음에 관하여

1. 택함받은 자들이 믿어 그들의 영혼이 구원에 이르게 되는 믿음의 은혜는(히 10:39) 그들의 마음속에 계시는 그리스도의 영의 사역이다(고후 4:13, 엡 1:17-19, 2:8). **통상적으로는 말씀 사역에 의해 이루어진다(롬 10:14, 17)**. 또한 성례의 집행과 기도로 증가되며 강화된다(행 20:32, 눅 17:5, 롬 1:16, 17, 4:11, 벧전 2:2).

웨스트민스터 소요리문답

89문: 말씀이 어떻게 구원에 효력 있게 됩니까?

답: 하나님의 영께서, 말씀을 읽는 것 특히 **말씀 선포를 효력 있는 방편으로 삼아 죄인을 설득하시고 회개케 하시며, 또 믿음으로 말미암아 거룩함과 위로로 그들을 세워 구원에 이르게 하십니다**(느 8:8,

고전 14:24-25, 행 26:18, 시 19:8, 행 20:32, 롬 15:4, 딤후 3:15-17, **롬 10:13-17**, 1:16).

웨스트민스터 대요리문답

155문: 말씀이 어떻게 구원에 효력 있게 됩니까?

답: 하나님의 영께서 말씀을 읽는 것, 특히 **말씀 선포를 효력 있는 방편으로 삼아 죄인들을 깨닫게 하시고**(느 8:8, 행 26:18, 시 19:8), 설득하시고, 겸손하게 하시며(고전 14:24, 25, 대하 34:18-19, 26-28), 그들을 자기 자신들로부터 몰아내어 **그리스도께로 이끄시고**(행 2:37, 41, 8:27-39), 그들로 하여금 그분의 형상을 본받게 하시며(고후 3:18), 그분의 뜻에 복종하게 하시고(고후 10:4-6, 롬 6:17), 유혹과 부패에 대항해 그들을 강하게 하시며(마 4:4, 7, 10, 엡 6:16-17, 시 19:11, 고전 10:11), 그들을 은혜 안에 자라게 하시고(행 20:32, 딤후 3:15-17), **구원에 이르는 믿음을 통해** 그들의 마음을 거룩함과 위로로 견고하게 세우심으로 **구원에 효력 있게 됩니다**(롬 16:25, 살전 3:2, 10, 11, 13, **롬** 15:4, **10:13-17**, 1:16).

구원론에서 하나님께서 사람을 구원하시는 기본 단계를 부르심(calling), 혹은 소명(召命)이라고도 한다. 목사나 선교사같이 어떤 특수한 직분자로 부르시는 것만을 소명으로 생각하기 쉬우나, 하나님께서 불신자를 거듭나게 하기 위해 믿음을 일으키실 때 무엇보다 그들을 부르시는데,[15] 바로 말씀을 듣게 함으로 그렇게 하신다. 그래서 에베소서 1장 13절은 다음과 같이 말한다.

> 그 안에서 너희도 **진리의 말씀 곧 너희의 구원의 복음을 듣고 그 안에서 또한 믿어** 약속의 성령으로 인치심을 받았으니(엡 1:13).

진리의 말씀, 구원의 복음을 듣는 것은 믿음이 생겨나는 가장 기본적인 수단이다. 설교는 믿음을 불러일으킨다. 이러한 원리는 초대 교회에서도 유효했다. 예루살렘 교회의 일곱 직분자 중 한 사람인 빌립이 설교(전도)했을 때, 사람들이 믿고 세례를 받았다. 말씀 선포가 불신자들에게 믿음을 불러일으켰고 그들을 거듭나게 한 것이다.

> 빌립이 하나님 나라와 및 예수 그리스도의 이름에 관하여 **전도함**(preached)**을 그들이 믿고** 남녀가 다 세례를 받으니(행 8:12).

우리가 함께 예배드리는 자리에는 이미 거듭난 사람도 있지만 아직 복음을 알지 못해 구원이 필요한 영혼도 있다. 설교는 그들에게

---

[15]. 종교개혁자들이 소명이라고 부른 것은 크게 네 가지다. 구원으로의 부르심, 직분, 결혼, 직업이다. 손재익, 『십계명, 언약의 10가지 말씀』(디다스코, 2016), p.328, n.356.

믿음의 씨앗을 심는다. 믿지 않는 자, 불신자가 믿음을 갖게 되는 일은 하나님의 말씀을 들음으로 가능하다. 그렇기에 기독교 예배에서는 설교가 핵심이 된다.

> 하나님의 지혜에 있어서는 이 세상이 자기 지혜로 하나님을 알지 못하므로 하나님께서 **전도**의 미련한 것으로 믿는 자들을 구원하시기를 기뻐하셨도다(고전 1:21).

이 구절에서 '전도'라고 번역된 단어는 영어로 'preaching', 즉 설교다(참조. 행 5:42, 딛 1:3). 새번역성경은 고린도전서 1장 21절과 2장 4절의 '전도'를 '설교'로 바르게 번역했다. 하나님은 설교라는 미련한 방식을 통해 믿지 않는 자들을 구원하신다. 그리스도를 알지 못하던 자들이 설교를 통해 그리스도를 믿고 따르게 된다. 설교를 통해 믿지 않는 자의 귀에 하나님의 말씀이 들리고, 들린 그 말씀이 심령 속에서 신비롭게 역사해 믿음이 생겨난다.

디모데후서 3장 15절은 "성경은 능히 너로 하여금 그리스도 예수 안에 있는 믿음으로 말미암아 구원에 이르는 지혜가 있게 하느니라"고 말한다. 그러므로 성경을 설교하는 일은, 곧 믿음으로 말미암아 구원을 일으키는 행위다.

설교에 이러한 유익이 있음에도 불구하고, 시대마다 바르게 설교하지 않는 이들이 항상 있었다. 20세기의 탁월한 설교자 마틴 로이드 존스(David Martyn Lloyd-Jones, 1899-1981년)는 이 문제를 지적한다. 그는 목사가 되기 전 여러 해 동안 자신이 속한 교단을 통틀어 웨일즈에서 가장 잘한다고 알려진 설교를 들었지만 아무 만족을 얻지 못했다. 어느 한 사람의 설교도 그의 양심을 건드리지 못했다. 인기 있는 설교자들 대부분은 회심을 목적으로 설교하지 않았다. 그저 숙련되고 수사적인 방식으로 주제를 논의하고 '좋은 시간'을 보내는 것에 만족했다.

그는 이러한 경험을 회고하면서 이렇게 말했다.

> 내게 필요한 것은 나로 하여금 죄를 깨닫게 하고, 진정한 필요가 무엇인지를 알게 하는 설교였다. 또한 회개하게 하고 중생이 무엇인지를 알게 하는 설교였다. 그러나 나는 그러한 설교를 들어본 적이 없었다. 언제나 듣는 설교는, 우리가 모두 그리스도인이라는 가정하에서 작성된 설교였다. 그리스도인이 아니면 거기 회중석에 앉아 있을 리 없다는 전제하에 하는 설교 말이다.[16]

설교는 거듭나지 않은 자를 거듭나게 하고, 믿지 않는 자의 믿음을 불러일으키며, 그들에게 구원에 이르는 지혜를 전해 준다.

---

16. 이안 머리, 『로이드 존스 평전 1: 초기 40년(1899-1939)』, 김귀탁 옮김(부흥과개혁사, 2010), 109.

그렇다고 오해하지는 말라. 설교를 한다고 해서 믿지 않는 모든 사람들이 구원에 이르는 건 아니다. 설교는 이 세상 모든 사람이 아니라 하나님께서 택하신 백성을 구원에 이르게 한다. 아무리 설교를 들어도 결국에는 회심하지 못하는 사람들이 얼마든지 있다. 다음 구절이 그 사실을 잘 보여 준다.

> [1] 사도들이 백성에게 말할 때에 제사장들과 성전 맡은 자와 사두개인들이 이르러 [2] 예수 안에 죽은 자의 부활이 있다고 백성을 가르치고 전함을 **싫어하여** [3] 그들을 잡으매 날이 이미 저물었으므로 이튿날까지 가두었으나 [4] 말씀을 들은 사람 중에 **믿는 자가 많으니** 남자의 수가 약 오천이나 되었더라(행 4:1-4).

사도들이 예수 안에 죽은 자의 부활이 있다는 말씀을 전할 때, 제사장들과 성전 맡은 자와 사두개인들은 이를 싫어했다. 반면에 말씀을 들은 사람들 중에는 믿는 자가 많았다. 선포되는 말씀에 사람들이 완전히 상반되는 반응을 보인 것이다.

> [53] 너희는 천사가 전한 율법을 받고도 지키지 아니하였도다 하니라 [54] **그들이 이 말을 듣고 마음에 찔려 그를 향하여 이를 갈거늘** … [57] **그들이 큰 소리를 지르며 귀를 막고 일제히 그에게 달려들어** [58] 성 **밖으로 내치고 돌로 칠새** 증인들이 옷을 벗어 사울이라 하는 청년

의 발 앞에 두니라 [59] **그들이 돌로 스데반을 치니** 스데반이 부르짖어 이르되 주 예수여 내 영혼을 받으시옵소서 하고 [60] 무릎을 꿇고 크게 불러 이르되 주여 이 죄를 그들에게 돌리지 마옵소서 **이 말을 하고 자니라**(행 7:53-54, 57-60).

스데반이 공회 앞에서 하나님의 말씀을 전하자 그 말씀을 들은 사람들이 마음에 찔렸다. 그런데 그 이후의 반응을 주목할 필요가 있다. 그들은 오히려 스데반을 향해 이를 갈았다. 그러고는 그를 성 밖으로 내던지고 돌로 쳐 죽였다. 설교가 믿음은커녕 저항만 불러일으킨 것이다. 스데반의 설교는 단 한 사람의 믿음도 불러일으키지 못했다. 그의 설교에 죄인을 회심케 하는 능력이 없었기 때문이 아니다. 그가 성령 충만하지 못해서가 아니다. 이 경우에 설교를 듣는 사람들에게 문제가 있었다.

> [48] 이방인들이 듣고 기뻐하여 하나님의 말씀을 찬송하며 영생을 주시기로 작정된 자는 다 믿더라 [49] 주의 말씀이 그 지방에 두루 퍼지니라 [50] 이에 유대인들이 경건한 귀부인들과 그 시내 유력자들을 선동하여 바울과 바나바를 박해하게 하여 그 지역에서 쫓아내니(행 13:48-50).

이 구절은 바울과 바나바가 비시디아 안디옥에서 복음을 전할 때 있었던 이야기를 마무리하는 부분이다. 바울과 바나바가 말씀 사역을 한 결과, 영생을 주시기로 작정된 자는 다 믿었으나 유대인들은 바울과 바나바를 박해하고 쫓아냈다. 동일한 말씀을 들었지만 반응은 정반대였다. 어떤 이들은 믿었고, 어떤 이들은 믿지 않았다.

> 그들이 죽은 자의 부활을 듣고 어떤 사람은 조롱도 하고 어떤 사람은 이 일에 대하여 네 말을 다시 듣겠다 하니(행 17:32).

말씀 사역에 대해 상반된 두 반응이 단적으로 나타나고 있다. 부활에 관해 들은 사람들 중, 어떤 이는 조롱하지만 어떤 이는 "다시 들려주십시오"라고 말한다.

> [24] 수일 후에 벨릭스가 그 아내 유대 여자 드루실라와 함께 와서 바울을 불러 그리스도 예수 믿는 도를 듣거늘 [25] 바울이 의와 절제와 장차 오는 심판을 강론하니 **벨릭스가 두려워하여 대답하되 지금은 가라 내가 틈이 있으면 너를 부르리라** 하고(행 24:24-25).

바울이 제11대 유대 총독(주후 52-60년)이었던 벨릭스에게 강론, 즉 설교를 했다. 바울의 설교를 들은 벨릭스는 두려워했다. 그런데 "지금은 가라. 내가 틈이 있으면 너를 부르리라"고 말할 뿐 회심하지 않았다. 오히려 유대인의 마음을 얻기 위해 바울을 가두었다(행 24:27). 벨릭스의 두려움은 믿음이 아닌 그의 죄에 근거했다. 그랬기에 바울의 설교를 듣고 나서도 믿음이 일어나는 유익을 누리지 못했다.

이 외에도 사도행전 17장 1-8절, 19장 8-10절, 28장 23-27절에 동일한 말씀을 듣고도 전혀 다른 반응을 보이는 회중이 나온다. 설교가 믿지 않는 사람에게 믿음을 불러일으키는 것은 사실이지만, 이것은 믿지 않는 모든 자에게 미치는 효력이 아니라 오직 하나님께 택함을 받은 자에게 미치는 효력이다. 이 사실을 웨스트민스터 신앙고백서 제10장 4절은 다음과 같이 고백한다.

제10장 효력 있는 부르심

4. **택함받지 못한 사람들은 비록 말씀 사역에 의해 부름받아**(마 22:14), **성령의 일반적인 역사를 어느 정도 받더라도**(마 7:22, 13:20-21, 히 6:4-5) **결코 참되게 그리스도께 나아오지 않으며, 따라서 구원받을 수 없다**(요 6:64-66, 8:24). 기독교 신앙을 고백하지 않는 사람들은 비록 본성의 빛과 그들이 고백하는 종교의 법을 따라 그들의 삶을 매우 부지런히 꾸려 나간다 하더라도 다른 어떤 방법으로도 구원받을 수 없다(행 4:12, 요 14:6, 엡 2:12, 요 4:22, 17:3). 그런 자들이 구원받을 수 있다고 단언하며 주장하는 것은 매우 해롭고 가증하다(요이 1:9-11, 고전 16:22, 갈 1:6-8).

회개하게 한다

설교는 죄인으로 하여금 회개케 한다. 성경에 기록된 죄의 본질, 결과, 영향력, 비참함, 죄를 미워하시는 하나님의 공의, 십자가를 통한 죄의 구속 등과 같은 내용이 설교자의 입술을 통해 전달될 때 죄인은 회개하게 된다.

> 8 하나님의 율법책을 낭독하고 그 뜻을 해석하여 백성에게 그 낭독하는 것을 다 깨닫게 하니 9 **백성이 율법의 말씀을 듣고 다 우는지라** 총독 느헤미야와 제사장 겸 학사 에스라와 백성을 가르치는 레위 사람들이 모든 백성에게 이르기를 오늘은 너희 하나님 여호와의 성일이니 슬퍼하지 말며 울지 말라 하고(느 8:8-9).

> 36 그런즉 이스라엘 온 집은 확실히 알지니 너희가 십자가에 못 박은 이 예수를 하나님이 주와 그리스도가 되게 하셨느니라 하니라 37 **그들이 이 말을 듣고 마음에 찔려** 베드로와 다른 사도들에게 물어 이르되 형제들아 우리가 어찌할꼬 하거늘 38 베드로가 이르되 너희가 **회개하여 각각 예수 그리스도의 이름으로 세례를 받고 죄 사함을 받으라** 그리하면 성령의 선물을 받으리니 39 이 약속은 너희와 너희 자녀와 모든 먼 데 사람 곧 주 우리 하나님이 얼마든지 부르시는 자들에게 하신 것이라 하고 40 또 여러 말로 확증하며 권하여 이르되 너희가 이 패역한 세대에서 구원을 받으라 하니 41 그 말을 받

은 사람들은 세례를 받으매 이날에 신도의 수가 삼천이나 더하더라 (행 2:36-41).

이 구절들은 설교가 죄인을 회개케 한다는 사실을 잘 보여 준다. 설교를 통해 죄인은 울기도 하고, 마음에 찔리기도 하며, 회개하여 그리스도께 나아오기도 한다. 설교는 말씀의 의미를 바르게 이해하고 깨닫게 하며, 그에 기초해 죄인을 설득하고, 겸손하게 하며, 자신이 죄인이라는 사실을 인정하게 만든다. 그래서 바울은 디모데에게 다음과 같이 권면한다.

네가 네 자신과 가르침을 살펴 이 일을 계속하라 이것을 행함으로 네 자신과 네게 듣는 자를 구원하리라(딤전 4:16).

설교자 디모데의 사역은 디모데 자신과 그의 청중들을 죄에서 돌이켜 구원하게 만든다. 웨스트민스터 대요리문답 제159문답 역시 설교자가 회심과 구원을 목적으로 설교해야 한다고 말한다.

159문: 그렇게 부름받은 사람들은 하나님의 말씀을 어떻게 설교해야 합니까?
답: 말씀 사역에 수고하도록 부름받은 사람들은 바른 교리를 설교하되(딛 2:1, 8), 부지런히(행 18:25), 때를 얻든지 못 얻든지(딤후 4:2), 명

백하게(고전 14:19), 사람의 지혜의 말로 하지 아니하고 성령의 나타남과 능력으로 할 것이며(고전 2:4), 신실하게(렘 23:28, 고전 4:1-2), 하나님의 모든 뜻을 알게 할 것이며(행 20:27), 지혜롭게(골 1:28, 딤후 2:15), 청중의 필요와 이해 능력에 적용시켜(고전 3:2, 히 5:12-14, 눅 12:42), 열심히(행 18:25), 하나님과(고후 5:13-14, 빌 1:15-17) 그의 백성의 영혼들에 대한(골 4:12, 고후 12:15) 뜨거운 사랑으로 할 것이며, 성실하게(고후 2:17, 4:2), 하나님의 영광과(살전 2:4-6, 요 7:18) **그들의 회심**(고전 9:19-22), 건덕(健德, 고후 12:19, 엡 4:12), **구원을**(딤전 4:16, 행 26:16-18) **목적하고 설교해야 합니다.**

하나님의 말씀을 따라 살게 한다

설교는 믿고 회개하는 자로 하여금 하나님의 말씀을 따라 살게 한다. 설교를 통해 거듭나서 믿음으로 하나님께 나아가 회개한 사람들은 그 자리에서 멈추지 않는다. 한 걸음 더 나아가 성령을 통해 나타내시는 하나님의 변함없는 사랑에 끊임없이 감사한다. 성화라는 목표를 성취하기 위해 지금도 우리의 삶 속에서 이루시려는 하나님의 뜻에 순종하겠다는 결심과 태도를 갖는다. 무엇이 구속받은 성도의 바람직한 삶인지 말씀을 통해 발견하고자 노력한다.

성도는 하나님의 말씀을 좇아 사는 자다. 하나님께서 원하시는 바를 바르게 이해하고 준행하는 자가 성도다. 그러자면 하나님의 말씀을 들어야 한다. 말씀을 들음으로 하나님의 뜻에 따라 살아야 한다. 설교는 이 일에 유익을 준다. 설교가 성도로 하여금 하나님의 말씀에 따라 살게 한다는 사실은, 웨스트민스터 대요리문답 제155문 "말씀이 어떻게 구원에 효력 있게 됩니까?"에 대한 답에서도 분명하게 가르치고 있다.

> 하나님의 영께서 말씀을 읽는 것, 특히 말씀 선포를 효력 있는 방편으로 삼아 죄인들을 깨닫게 하시고, 설득하시고, 겸손하게 하시며, 그들을 자기 자신들로부터 몰아내어 그리스도께로 이끄시고, **그들로 하여금 그분의 형상을 본받게 하시며, 그분의 뜻에 복종하게 하시고,** 유혹과 부패에 대항해 그들을 강하게 하시며, 그들을 은혜 안에 자라게 하시고, 구원에 이르는 믿음을 통해 그들의 마음을 거룩함과 위로로 견고하게 세우심으로 구원에 효력 있게 됩니다.

신자는 말씀으로 말미암아 태어나고(약 1:18, 벧전 1:23), 말씀을 통해 성장하며(고전 3:6), 영원한 하나님의 품에 들 때까지 말씀으로 보호를 받고 인도를 받는다.[17] 설교를 들을 때 우리는 이러한 유익을 기대하고 들어야 한다. 이것은 세상 어디에서도 얻을 수 없는 유익이다. 사람의 어떤 말로도 얻을 수 없고, 오직 하나님의 말씀이 선포되는

---

17. 허순길, 『개혁주의 설교』(CLC, 1996), 7.

설교를 통해서만 얻을 수 있는 유익이다.

설교, 미련하지만 능력 있는 방식

설교는 삼위일체 하나님을 만나게 하고, 믿음을 소생시키며, 회개하는 삶을 살게 하고, 하나님의 말씀에 순종하는 사람으로 변화시킨다고 했다. 과연 설교로 그런 대단한 유익을 얻을 수 있을까? 설교보다 더 좋은 방법이 있지 않을까? 대단한 업적을 이룬 그리스도인의 간증이나 유명한 연예인의 유머 섞인 간증이 더 영향력이 있지 않을까?

> 하나님의 지혜에 있어서는 이 세상이 자기 지혜로 하나님을 알지 못하므로 하나님께서 **전도의 미련한 것**으로 믿는 자들을 구원하시기를 기뻐하셨도다(고전 1:21).

> [1] 하나님의 종이요 예수 그리스도의 사도인 나 바울이 사도 된 것은 하나님이 택하신 자들의 믿음과 경건함에 속한 **진리의 지식**과 [2] **영생의 소망**을 위함이라 이 영생은 거짓이 없으신 하나님이 영원 전부터 약속하신 것인데 [3] **자기 때에 자기의 말씀을 전도로 나타내셨으니** 이 전도는 우리 구주 하나님이 명하신 대로 내게 맡기신 것이라(딛 1:1-3).

앞에서도 언급했지만, 이 구절들에 나오는 '전도'는 설교(preaching)를 말한다. 성경에는 전도, 가르침, 전파, 강론, 권면, 증언 등 설교를 의미하는 표현이 다양하게 나타난다.

바울은 설교(전도)를 가리켜 '미련한 것'(foolishness)이라고 표현한다. 미련하다는 것은 어리석고 둔하다는 뜻이다. 지혜롭지 않고 어리석은 방식이라는 말이다. 일반적으로 보기에 답답한 방식이라는 것이다. 여기에서 바울은 반어적인 표현을 쓰고 있다. 설교가 정말 미련하다는 게 아니라, 사람이 보기에는 어리석고 둔하지만 하나님께서 보시기에는 가장 지혜롭다는 의미다.

하나님은 사람을 구원하실 때 유대인들이 기대한 대로 표적을 행하시거나, 헬라인들이 바라는 대로 지혜를 통해 하시지 않고, 설교라는 어리석은 방식을 사용하신다(고전 1:22). 사람들의 시선을 끌 이적이나 철학적이고 합리적인 설득 혹은 토론을 통하지 않으시고, '말씀 선포'라는 방법으로 믿는 자들을 구원하기를 기뻐하신다.

이 방식은 사람이 보기에는 미련하고 연약하지만, 하나님께서 보시기에는 지혜롭고 강하다.[18] 사람이 보기에는 이보다 더 좋은 방식

---

18. 설교라는 은혜의 방편을 허락하신 하나님의 뜻을 이해하지 못하고, 설교를 가벼이 여기고 지루하게 생각하는 것은 십계명의 제2계명("너를 위하여 새긴 우상을 만들지 말고 또 위로 하늘에 있는 것이나 아래로 땅에 있는 것이나 땅 아래 물 속에 있는 것의 어떤 형상도 만들지 말며 그것들에게 절하지 말며 그것들을 섬기지 말라", 출 20:4-5)을 어기는 것이다. 손재익, 『십계명, 언약의 10가지 말씀』, 121.

이 많을 것 같지만, 하나님께서 보시기에는 이보다 더 좋은 방식이 없다. 하나님은 진리의 지식과 영생의 소망을 '설교'라는 수단으로 나타내기를 기뻐하신다.

> 하나님의 어리석음이 사람보다 지혜롭고 하나님의 약하심이 사람보다 강하니라(고전 1:25).

● 설교자를 세우시는 하나님

살아서 역사하시는 하나님은 때로는 친히 일하시고, 때로는 천사를 통해 일하시며, 때로는 사람을 통해 일하신다. 작정, 예정, 창조는 하나님께서 친히 하신 일이지만, 모세를 부른 일은 천사를 통해 하셨다(행 7:35). 하나님은 그 밖에 많은 일을 사람을 통해 하셨다. 믿음을 불러일으키며, 죄인을 회개케 하고, 성도로 하여금 하나님의 말씀에 따라 살게 만드는 설교 사역은 사람을 통해 하기를 기뻐하신다. 미련한 방식인 설교를 사용하시는 하나님은 사람이라는 연약한 존재를 들어 사용하시니, 미련한 방법으로 위대한 일을 행하시는 분이다.

사람을 설교자로 세우시다
하나님은 사람을 설교자로 세우신다. 사람을 통해 성경을 기록하신 하나님은 사람을 통해 성경을 증거하게 하신다. 설교라는 막중한 사역을 친히 하시거나 천사를 통해 하시지 않고, 사람을 통해 하신다. 친히 하시거나 천사를 통하시면 더 대단한 능력이 나타날 것 같은데, 허물 많고 죄 많은 사람을 세워 이 거룩한 일에 쓰신다. 하나님 자신의 기쁘시고 선하신 뜻을 따라 말씀 사역자를 세우고, 그들을 통해 자신의 교회와 백성들에게 말씀을 선포하게 하신다.[19]

> 그가 어떤 사람은 사도로, 어떤 사람은 선지자로, 어떤 사람은 복음 전하는 자로, 어떤 사람은 **목사와 교사**로 삼으셨으니(엡 4:11).

사도 바울은 하늘로 오르신 예수님께서 사람을 이 땅의 교회에 설교자(목사와 교사)로 세우셨다고 말한다.[20] 예수님이 하늘에 오르신 후 뒤이어 오신 성령 하나님은 사람인 설교자의 입술을 주장하신다. 그러므로 사람을 설교자로 세우신 것은 삼위일체 하나님의 뜻이다.

---

19. 칼뱅도 동일한 이야기를 한다. 『기독교 강요』, 4권 1장 5절, 4권 3장 1절.
20. 에베소서 4장 11절의 "목사와 교사"는 두 개의 서로 다른 직분을 말하는 것이 아니다. 원문에 따라 제대로 번역하면 "목사들 즉 교사들"이다. 벌코프는 "목사와 교사"라는 말이 "두 종류의 다른 직임들을 구성하는 것이 아니라, 두 가지 연관된 기능을 지닌 한 종류의 직임을 구성한다는 것을 분명히 보여 준다"라고 했으며, 그루뎀은 "목사-교사"(pastor-teacher)로 번역하는 것이 더 낫다고 주장했다. Louis Berkhof, *Systematic Theology*(Grand Rapids: Eerdmans, 1941), 586; 웨인 그루뎀, 『조직신학(하)』, 노진준 옮김 (은성, 1997), 111.

현재, 그리고 역사상 설교자로 살았던 수많은 사람들이 설교자가 아닌 다른 일에 종사했다면 하나님 나라와 세상 나라에 더 큰 유익이 있었을는지 모르지만, 하나님은 그렇게 하지 않으셨다. 신자 중 몇몇을 설교자로 살게 하심으로 그들로 하여금 생업이 아닌 말씀과 기도에 전무하게 하셨다. 왜 그렇게 하셨을까? 그것이 하나님의 지혜요, 그분의 기뻐하시고 선하신 뜻이다.

하나님의 뜻에 따라 설교자로 세움을 받은 바울은 설교의 미련한 방식을 그대로 따랐다.

> [1] 형제들아 내가 너희에게 나아가 **하나님의 증거를 전할 때에 말과 지혜의 아름다운 것으로 아니하였나니** [2] 내가 너희 중에서 예수 그리스도와 그가 십자가에 못 박히신 것 외에는 아무것도 알지 아니하기로 작정하였음이라 [3] 내가 너희 가운데 거할 때에 약하고 두려워하고 심히 떨었노라 [4] **내 말과 내 전도함이 설득력 있는 지혜의 말로 하지 아니하고 다만 성령의 나타나심과 능력으로 하여** [5] 너희 믿음이 사람의 지혜에 있지 아니하고 다만 하나님의 능력에 있게 하려 하였노라(고전 2:1-5).

1절과 4절에 의하면 사도 바울은 설교할 때 말과 지혜의 아름다운 것으로 하지 않았다. 성령의 능력으로 했다. 설교라는 미련한 방법으로 하나님의 복음을 전했고, 하나님은 그 방법을 통해 사람을 구원하시고 하나님 나라와 교회를 건설해 가셨다.

하나님은 설교라는 미련한 방식을 기쁘게 사용하실 뿐 아니라 그 방식에 사용되는 사람조차 연약한 자를 들어 쓰신다. 달변가나 웅변가가 아닌 평범한 설교자를 사용하신다. 복음은 수려한 어휘력, 누구도 반박할 수 없는 탄탄한 논리, 탁월한 웅변술, 청중을 홀리는 말솜씨를 통해 전파되지 않는다. 그저 하나님의 말씀을 가르치고 증거하는 평범한 설교자를 통해 전파된다. 하나님은 평범한 사람을 통해 비범한 일을 이루신다. 부족한 사람의 입을 통해 전파되는 설교지만, 그 입을 지으신 분은 하나님이시다.

설교자는 완전한 사람이 아니다. 설교자는 부족하다. 설교자는 모든 사람과 마찬가지로 허물이 많고 연약하다. 100퍼센트 청중의 마음에 드는 설교자는 아무도 없다. 청중은 이 사실을 인정하고 받아들여야 한다. 성경 해석이 미숙하든, 인격이 미숙하든 분명 한계가 있다. 그럼에도 하나님께서 설교자를 세우시고 다듬어 가신다. 때로는 사람을 통해, 때로는 다양한 환경을 통해 그렇게 하신다.

> 여호와께서 그에게 이르시되 누가 사람의 입을 지었느냐 누가 말 못 하는 자나 못 듣는 자나 눈 밝은 자나 맹인이 되게 하였느냐 나 여호와가 아니냐(출 4:11).

성경이 있는데 설교자가 꼭 필요할까?

성경만으로 충분하다면 하나님은 성경을 우리에게 주시는 데서 일을 끝내셨을 것이다. 하지만 그렇게 하지 않으셨다. 성경을 주실 뿐만 아니라 성경을 가르치고 설교할 사람도 주셨다.

> [26] 주의 사자가 빌립에게 말하여 이르되 일어나서 남쪽으로 향하여 예루살렘에서 가사로 내려가는 길까지 가라 하니 그 길은 광야라 [27] 일어나 가서 보니 에디오피아 사람 곧 에디오피아 여왕 간다게의 모든 국고를 맡은 관리인 내시가 예배하러 예루살렘에 왔다가 [28] 돌아가는데 수레를 타고 선지자 이사야의 글을 읽더라
>
> [29] 성령이 빌립더러 이르시되 이 수레로 가까이 나아가라 하시거늘 [30] 빌립이 달려가서 선지자 이사야의 글 읽는 것을 듣고 말하되 **읽는 것을 깨닫느냐** [31] 대답하되 **지도해 주는 사람이 없으니 어찌 깨달을 수 있느냐** 하고 빌립을 청하여 수레에 올라 같이 앉으라 하니라
>
> [32] 읽는 성경 구절은 이것이니 일렀으되 그가 도살자에게로 가는 양과 같이 끌려갔고 털 깎는 자 앞에 있는 어린 양이 조용함과 같이 그의 입을 열지 아니하였도다 [33] 그가 굴욕을 당했을 때 공정한 재판도 받지 못하였으니 누가 그의 세대를 말하리요 그의 생명이 땅에서 빼앗김이로다 하였거늘 [34] 그 내시가 빌립에게 말하되 청컨대 내가 묻노니 선지자가 이 말한 것이 누구를 가리킴이냐 자기를 가리킴이냐 타인을 가리킴이냐 [35] 빌립이 입을 열어 이 글에서 시작

하여 예수를 가르쳐 복음을 전하니(행 8:26-35).

예루살렘 교회가 택하여 세운 빌립이 천사의 명령을 따라 에디오피아 여왕 간다게의 내시를 만났다. 마침 이사야서를 읽고 있던 내시에게 빌립은 "읽고 있는 내용이 무슨 뜻인지 알겠습니까?"라고 묻는다. 이에 내시는 "가르쳐 주는 사람이 없는데 어떻게 깨달을 수 있겠습니까?"라고 되묻는다. 빌립은 내시가 읽던 부분이 이사야서 53장 7절 이하의 말씀임을 알고는 그 의미를 가르쳐 준다.

에디오피아 내시의 말대로(31절) 가르쳐 주는 사람 없이 성경을 이해하기란 쉽지 않다. 성경을 읽는다고 해서 누구든지 이해하고 깨달을 수 있는 게 아니다. 말씀의 의미를 가르치고 설교해 줄 사람이 필요하다. 평생 말씀을 연구하고 가르치는 일에 헌신하는 이의 도움이 필요하다. 하나님은 설교자를 통해 우리에게 말씀을 가르쳐 주신다.

성경이 있어도 설교자가 필요하다는 사실은 종교개혁 이후에도 설교자가 여전히 존재했다는 사실을 봐도 알 수 있다. 종교개혁 이전에는 여러 가지 이유로 많은 이들이 성경을 읽지 못했으며 개인이 성경을 소유하기가 힘들었다. 하지만 종교개혁을 통해 개개인이 성경을 읽는 것이 가능해졌다. 그렇다고 해서 설교자가 없어지지 않았다.[21]

---

21. R. C. 스프라울, 『성경을 아는 지식』, 길성남 옮김(좋은씨앗, 2005), 55-56.

오히려 그 역할이 더욱 중요해졌다. 성경을 읽을 수 있어도 가르쳐 주는 사람은 여전히 필요했다.

사도 바울은 믿음이 들음에서 난다는 사실을 언급하기에 앞서 이렇게 말한다.

> ¹⁴ 그런즉 그들이 믿지 아니하는 이를 어찌 부르리요 듣지도 못한 이를 어찌 믿으리요 **전파하는 자가 없이 어찌 들으리요** ¹⁵ 보내심을 받지 아니하였으면 어찌 전파하리요 기록된 바 아름답도다 좋은 소식을 전하는 자들의 발이여 함과 같으니라 ¹⁶ 그러나 그들이 다 복음을 순종하지 아니하였도다 이사야가 이르되 주여 우리가 전한 것을 누가 믿었나이까 하였으니 ¹⁷ 그러므로 **믿음은 들음에서 나며** 들음은 그리스도의 말씀으로 말미암았느니라(롬 10:14-17).

말씀을 들어야 믿음이 생기는데, 들음은 전파하는 자를 통해야 가능하다. 전파하는 자 없이는 들을 수 없다. KJV와 NASB 영어성경은 전파하는 자를 'preacher', NIV 영어성경은 'someone preaching', 즉 설교자라고 번역한다.

하나님은 전파하는 자, 즉 설교자를 세우신다. 이때 사람을 사용하신다. 친히 말씀하실 능력이 있고, 천사를 통해 말씀하실 수도 있지만 그렇게 하지 않으신다. 사도 시대로부터 지금까지, 그리고 주님이 다시 오실 때까지 계속해서 사람을 세우신다.

사람을 설교자로 세우신 하나님은 그를 통해 말씀하신다. 이때 진정한 설교자는 하나님이시다. 설교자는 도구로 사용될 뿐이다. 죄 많은 사람, 추하고 더러운 입술을 가진 사람은 도구에 불과하다. 논리도 부족하고 인격도 모자란 사람을 사용하시는 참 설교자 하나님은 그 연약함까지 들어서 사용하기를 기뻐하신다.

2장

한 편의 설교가 전달되기까지.

설교자들 사이에 이런 말이 있다. "10분 설교를 위해 열 시간을 준비해야 한다. 30분 설교를 위해서는 서른 시간을 준비해야 한다." "금 나와라 뚝딱, 은 나와라 뚝딱" 하듯 설교가 뚝딱 나오는 게 아니다. 성경만 몇 번 읽어 본다고 설교가 나오지 않는다. 한 편의 설교는 오랜 숙성의 과정을 거쳐 나온다. 설교자는 기도와 연구와 '엉덩이'로 설교 준비를 한다. 엉덩이로 준비한다는 건 그만큼 장시간 앉아 있어야 한다는 의미다.

설교 한 편 준비하는 데 얼마나 걸리느냐는 누군가의 질문에 나는 이렇게 대답했다. "제 나이와 같습니다."

왜 이렇게 대답했을까? 한 편의 설교는 어릴 때부터 몸에 밴 인격, 주일학교에서 들은 설교와 성경공부, 중고등학교 시절에 익힌 어휘와 문장력, 대학 시절에 독서로 쌓은 논리, 그때부터 지금까지 틈틈이 해온 개인 성경연구, 신학교 시절에 익힌 히브리어와 헬라어, 조직

신학, 성경해석학 그리고 주석 연구법, 작년에 읽은 신문 기사, 5년 전에 읽은 소설 속 문장 등 삶의 모든 것이 켜켜이 쌓여서 나오기 때문이다. 단지 일주일 노력했다고 해서 나오지 않는다. 한 편의 설교에는 설교자의 지, 정, 의가 한데 어우러져 있고 인생이 담겨 있다.

한 편의 설교가 내 귀에 들리기까지 어떤 과정이 있는지를 이해하면 설교를 잘 듣는 데 큰 도움이 된다. 하나라도 허투루 들을 수 없고, 준비 과정이 상상되면서 설교가 더욱 생생하게 들릴 것이다.

● 설교자의 삶

설교자에게 설교는 삶 그 자체다. 설교가 설교자의 삶을 에워싸고 있다. 설교 준비는 설교가 끝나자마자 시작된다. 설교자의 삶은 언제나 설교를 준비하는 삶이다. 설교자의 일상은 설교에서 시작해 설교로 끝나기 때문이다. 일주일에 설교를 두세 번만 한다 해도 일주일 내내 준비해야 한다. "돌아서면 설교다." "설교가 몰려온다." 설교자들이 자주 하는 말이다. 설교자의 일주일은 끝없이 밀려오는 중공군 같은 설교와의 싸움이다.[22]

---

22. 채경락, "설교자의 일주일 – 목사는 설교를 이렇게 준비한다", 『쉬운 설교』(생명의양식, 2015), 315.

주일의 30-40분 설교는 생각보다 고된 노동이다. 개인차가 있겠지만 일반적으로 30분 설교에 들어가는 힘은 여덟 시간의 육체 노동에 맞먹는다고 한다.[23] 설교는 단순한 말하기가 아니기 때문이다. 옆 사람과 차 한 잔 마시면서 가볍게 나누는 대화가 아니다. 온 정신을 쏟아 열정적으로 내뱉는 게 설교다. 죽어 가는 영혼을 살리기 위한 처절한 몸부림이 설교다.

더욱이 설교자는 주일에 설교만 할 수 없는 형편이다. 오히려 주일에 가장 많은 일을 한다. 당회, 제직회 같은 각종 회의, 교회에 처음 온 사람과의 대화, 각종 교육, 수많은 성도와의 만남 등이 주일 하루에 몰려 있다. 주일은 가장 긴장되는 하루이기도 하다. 교회에서 일어나는 모든 일에 신경을 곤두세워야 한다.

그러니 월요일에는 쉬지 않을 수 없다. 쉬어야 또 다른 일을 할 수 있기 때문이다. 몸도 쉬어야 하지만 영혼도 쉬어야 하고, 정신도 맑게 해야 한다. 그러자면 성경, 설교, 신학, 목회 등에서 한 발짝 물러나야 한다. 가족과 함께 시간을 보내거나 독서, 운동, 취미 활동 등을 할 수 있다. 친구를 만나 수다를 떨 수도 있다. 하지만 월요일마다 잘 쉬는 설교자는 드물다. 노회, 시찰회 등의 모임이 있고, 장례, 심방, 상

---

23. 한진환, 『설교의 영광』(생명의말씀사, 2005), 327. 이 책은 『설교, 그 영광의 사역』(프리셉트, 2013)으로 재출간되었다.

담 등 비공식적 일정도 자주 생긴다. 성경공부와 목회 관련 세미나는 월요일에 많이 열린다. 특히 교인이 뭔가를 부탁할 경우 "오늘은 휴일이니 나중에 합시다"라고 말하기가 어렵다.

어느 평범한 설교자의 일주일을 들여다보자.

―

오랜만에 쉬어 보는 월요일이다. 그래도 저녁부터는 내일 새벽기도회 설교와 성경공부 인도를 준비해야 한다. 교역자 회의의 안건도 들여다봐야겠지. 심방을 기다리는 가정도 많은데…. 쉽지 않은 일주일이 될 것 같다.

화요일 저녁, 나름대로 순조로웠던 하루에 감사하며 수요일 새벽기도회 설교를 준비한다. 5-10분 정도의 설교라지만 준비 없이 강단에 오를 수는 없는 노릇이다.

수요일 새벽이 밝는다. 아침 일찍 목양실에 나가니 노회 일이 기다리고 있다. 얼른 행정 처리를 하고 저녁에 있을 수요기도회 설교를 준비한다. 기도회에 참석한 교인이 그리 많지 않다. 참석 수가 적다고 설교를 준비하는 시간과 노력이 덜 드는 건 아니다. 열 명이 오든 천 명이 오든, 수요기도회든 주일 예배든 설교에 들이는 노력은 같다.

목요일 새벽기도회를 마친 후, 다음 날 있을 구역장 모임을 준비한다. 그런 다음 주일 오전과 오후 예배의 설교 본문을 잡는다. 교단 신문사에서 청탁받은 글도 써야 한다. '오늘 하루는 차분히 설교를 준비해야지' 하며 책상 앞에 앉는다. 막 집중하려는 순간, 한 집사님에게 전화가 온다. 요양병원에 계시던 권사님이 별세하셨다는 소식이다. 금요일 입관 예배, 토요일 발인 예배까지 인도해야 한다. 큰일이다. 화장장에서 돌아오는 토요일 강변북로는 왜 그렇게 막히는지…. 장례를 마치고 책상 앞에 앉으니 몸이 천근만근이다. 하지만 설교는 당장 내일이다.

개인마다 다르겠지만 많은 설교자들이 대체로 이런 일주일을 보낸다. 그나마 별다른 일이 많지 않은 일상이다. 숨 돌릴 틈조차 없이 바쁜 주간도 많다.

간혹 어떤 이들은 설교자가 직업을 따로 가져야 한다고 주장한다. 이른바 이중직 혹은 자비량 목회가 성경적이라고 말한다. 그것은 설교자의 삶을 전혀 모르고 하는 소리다. 설교자의 직무는 취미로 하거나 다른 일과 겸해서 할 수 있는 것이 결코 아니다. 설교는 여유 시간을 활용하거나 남는 시간에 틈틈이 준비할 수 있는 것이 아니다. 혹여 그렇게 한다면 설교는 그만큼 빈곤해질 수밖에 없다. 설교는 오랜 시간과 연속성이 요구된다. 그것은 자신의 생애 전부를 하나님께 드려야만 할 수 있는 일이다.[24]

---

24. 목사 이중직 문제에 대해서는 대한예수교장로회 합신 교단지 〈기독교개혁신보〉에

● 설교자와 설교 준비

설교는 준비 없이 할 수 없다.[25] 하나님의 직통 계시를 받지 않는 한 그렇게 할 수 없다. 오늘날에는 하나님께서 더 이상 직접 계시를 주시지 않으므로 준비 없이 설교를 할 수 있는 설교자는 이 세상에 아무도 없다.

주일 오전 예배 설교 35분 정도를 기준으로 볼 때, 설교 원고의 분량은 A4 용지 일곱 장(10포인트, 160퍼센트 행간) 가량 된다. 이러한 설교 원고를 매주일 몇 편씩 작성한다는 건 설교자들만이 아는 엄청난 곤욕이다. 실제로 설교자는 매주 피가 마르는 나날을 보낸다. 성경을 붙들고 씨름하며 말씀의 숲에서 길을 헤맨다. 기도로 인내하고, 성도들의 영적 갈증을 풀어 주고자 노력하며, 깊은 우물에서 물을 긷듯 말씀의 샘에서 설교 원고를 건져 올린다. 어떻게 하면 문자에 갇힌 말씀이 아니라 생생하게 살아 있는 말씀을 들려줄 수 있을지 고민하

2015년 9월 12일과 26일 두 번에 나누어 기고한 나의 글을 보라. http://cafe.daum.net/hgpch/LENW/26. 스펄전도 이중직을 반대한다. "그러한 사명을 위해서는 한 사람의 전 생애를 영적 사역에 완전히 헌신하고, 세속 직업에서 완전히 떠나는 것이 필요하며(딤후 2:4), 생활에 필요한 모든 것을 교회가 공급해 주는 것이 필요합니다." 스펄전, 『스펄전 설교론』, 33.

25. 장로교회 헌법은 설교자가 준비 없이 설교해서는 안 된다고 명시한다. 대한예수교장로회(고신) 헌법(2011년판) 예배지침 제4장 말씀의 선포 제18조 (설교), 대한예수교장로회(합동) 헌법(2006년판) 예배모범 제6장 설교.

고 노력한다. 어떻게 양무리를 그리스도께로 인도할지 고민한다.

한편, 설교를 듣는 이들 대부분은 설교가 어떻게 준비되는지를 모른다. 설교자가 서재에서 어떻게 설교를 준비하는지 청중은 알 길이 없다. 설교자의 가족들은 알지 모르겠다. 사실 가족들도 어렴풋이 알 뿐 속속들이는 모를 것이다. 사실 청중은 설교자가 어떻게 설교를 준비하는지 구체적인 사항까지 알 필요는 없다. 그러나 설교자의 입장을 어느 정도 이해하는 것은 의미 있다.

설교 준비는 다음의 과정을 따른다.

1) 평소에 준비하기
2) 본문 선택하기
3) 본문 읽기와 관찰하기
4) 본문 분석 및 연구하기
5) 주제 정하기
6) 개요 작성하기
7) 설교 원고 쓰기
8) 제목 정하기
9) 퇴고하기
10) 프린트 및 점검하기
11) 기도하기
12) 실제로 설교하기

평소에 준비하기

설교자들 사이에 오래 전부터 전해 내려오는 말이 있다. 설교자는 세 가지 준비를 항상 하고 있어야 하는데 설교 준비, 이사 준비, 죽을 준비라는 것이다. 설교자는 언제 어디서 설교를 하게 될지 모른다. 고정된 설교만 해도 산더미처럼 쌓여 있다. 그렇기에 늘 설교를 준비해 두어야 한다. 평소에 성경을 연구하고, 책을 읽으며, 묵상을 해야 특정한 설교를 앞두고 시간과 노력을 절약할 수 있다.

성경 자체를 읽고 공부하는 것은 물론, 학문으로서 신학을 연구하고, 교회 역사를 읽으며, 신문이나 정기간행물, 인문 사회과학 서적을 통해 말씀과 교회, 세상을 바라보는 안목을 넓히고 사유하는 힘을 기르는 일은 평소에 이루어진다. 틈틈이 소설이나 수필을 읽으면서 어휘력과 문장력을 기르고, 시를 읽으면서 시인에게 통찰력을 배우고 설교자로서 감성을 키우기도 한다.

설교자가 평소에 준비해야 할 가장 중요한 것은 일상의 경건이다. "우리는 오로지 기도하는 일과 말씀 사역에 힘쓰리라"(행 6:4)는 사도의 다짐을 따라 경건에 힘쓴다. 말씀과 기도로 자신의 삶을 항상 돌아보며 죄 죽이기(mortification of sin)에 힘쓴다. "내가 내 몸을 쳐 복종하게 함은 내가 남에게 전파한 후에 자신이 도리어 버림을 당할까 두려워함이로다"(고전 9:27)라는 마음으로 하루하루를 살아 낸다.

이렇게 평소 경건생활에 힘쓰지 않으면 좋은 설교가 절대 나올 수 없다. 성령으로 충만한 일상을 살아야 성령 충만한 설교가 나온다.

설교자는 일주일 동안 성령을 온전히 따르는 가운데 설교를 준비한다.[26] 한 사람의 신자로서도 그렇게 하는 게 마땅하지만, 설교자로서 지닌 막중한 책임감 때문에 더욱 그러하다.

본문 선택하기

설교를 본격적으로 준비하면서 가장 먼저 하는 것이 본문 선택이다. 66권의 성경, 1,189장과 31,173절에 이르는 성경 전체에서 어떤 본문으로 설교할지를 정해야 한다. 이때 설교자는 교회와 성도의 형편, 자신의 의지와 상황에 따라 본문을 선택한다.

연속해서 본문 강해 설교를 하는 경우에는 본문 선택이 비교적 간단하다. 그래도 그 범위를 고민해야 한다. 예컨대 요한복음 1장으로 설교한다면, 1절만 본문으로 할지 아니면 1-4절을 본문으로 할지 정해야 한다. 다음 주 설교도 예상하면서 그 범위를 선택한다. 선택의 순간에는 언제나 고민이 따른다. 짧게는 찰나에, 길게는 하루가 넘게 시간이 걸린다. 나중에 본문을 조금씩 변경하는 경우도 생긴다.

본문 읽기와 관찰하기

본문을 선택한 다음에는, 해당 본문을 여러 번 읽으면서 자세히 관

---

26. 박영돈, 『성령충만, 실패한 이들을 위한 은혜』(SFC, 2008), 262.

찰한다. 단어 하나, 문장 하나까지 세심하게 살핀다. 잘 알던 본문이 더라도 미처 깨닫지 못한 부분은 없는지 살핀다. 이 과정만 하더라도 몇 시간이 걸린다.

처음에는 강단에서 사용하는 한글성경으로 시작하지만, 그 밖에 다른 한글 번역본(개역한글, 새번역, 공동번역, 현대인의성경, 쉬운성경, 우리말성경 등)과 비교하며 잘못된 번역은 없는지 살핀다. 영어 번역본(NIV, KJV, ESV, NASB 등)도 읽고 비교한다. 더 나아가 해당 본문의 원어(히브리어, 헬라어, 아람어)를 살피기도 한다. 이때 바이블웍스나 로고스바이블 같은 컴퓨터 소프트웨어를 사용할 수 있다. 이 과정에서 본문에 대한 설교자만의 생각이 정리된다.

본문 분석 및 연구하기

본문을 여러 번 읽은 다음에는, 설교자의 실력으로 본문을 분석해 본다. 어느 본문을 준비하더라도 설교자가 처음 접하는 본문은 거의 없을 것이다. 이전에 이미 충분히 연구해 둔 내용일 수도 있다. 다른 설교자의 설교를 들어 보았거나 자신이 직접 설교한 내용일 수도 있다. 설교가 아니더라도 성경공부를 해보았거나, 어느 책에선가 자세하게 읽은 내용일 수도 있다. 이 모든 경우가 합력해 설교자의 분석과 연구를 이룬다.

먼저 중요한 단어의 의미를 밝히고, 원어 사전이나 주석 등을 보며 본문의 의미를 더욱 깊이 연구한다. 문장과 문장의 관계를 분석하고, 강조할 부분은 없는지, 본문이 말하고자 하는 바가 무엇인지를 살핀다. 이 과정에서 성령의 조명하심(illumination)을 위해 기도한다. 성경은 사람의 머리로 이해할 수 있는 글이 아니다. 제대로 이해하기 위해서는 말씀의 저자이신 성령 하나님의 가르쳐 주심이 필요하다.

설교자는 어떤 의미에서 성경 전문가이지만 모든 것을 다 아는 건 아니다. 연구 없이 설교할 수 있는 설교자는 이 세상에 한 명도 없다. 자신만의 연구가 끝난 다음에는, 본문과 관련된 주석과 참고서적을 찾아서 읽으며 본문의 배경과 신학, 구조를 정리한다. 해당 본문으로 된 설교집을 읽기도 한다.

이때 설교자는 책장에서 자신을 불러 주기를 기다리는 아우구스티누스, 마르틴 루터, 장 칼뱅, 조나단 에드워즈, 찰스 스펄전, 마틴 로이드 존스, 존 스토트, F. F. 브루스, 레온 모리스, 하워드 마샬, 고든 웬함, 브루스 왈키, 토마스 슈라이너, 그레고리 비일, 박윤선, 김홍전 등을 불러낸다. 그들 중 몇몇은 이미 죽었고, 몇몇은 멀리 외국에서 살지만 그들의 연구와 사상은 설교자의 서재에서 늘 함께 숨쉬고 있다. 설교자는 비록 책을 통해서이긴 하지만 그들에게 질문하고 통찰을 빌리기도 한다. 자신의 해석이 바람직한지를 확인하고, 개인 연구에서 미처 발견하지 못했거나 깨닫지 못한 부분을 보충한다. 이 과정에서 설교자는 내내 기도하고 묵상한다. 말씀을 준비하며 자신이 먼저 은혜받고, 그 은혜를 깊이 묵상하는 과정이 필요하다.

본문 분석과 연구는 오랜 시간이 걸리고 고도의 집중력이 필요하다. 걸려 오는 전화나 가족 등의 방해물을 최대한 제거하고 이 일에 집중해야 한다. 중간에 흐름이 끊기면 시간이 더 많이 든다. 긴 호흡이 필요하다. 시간도 시간이지만 온 정신을 집중해야 하고, 때로는 머리를 싸매야 한다. 때로는 본문이 도대체 무엇을 말하는지 알기 어려울 때도 있다. 그렇기에 마음을 다하고 목숨을 다하고 뜻을 다하고 힘을 다해야 한다.

주제 정하기

본문 분석과 연구가 끝나면 본문과 설교의 주제를 정한다. 본문이 말하는 바에 따라 주제를 정하고, 그 주제에 따라 청중의 형편을 고려하여 설교의 주제를 정한다. 주제를 통해 본문의 의미를 잘 드러내고자 고민한다. 주제는 한두 문장으로 정리한다. 주제를 잘 정리해야 원고 작성이 쉽다. 주제가 분명하지 않으면 설교 원고가 산만해진다.

개요 작성하기

이제부터 구체적으로 설교 준비에 들어간다. 지금까지는 기본적인 자료를 준비했을 뿐이다. 이 단계에서 거칠게나마 글을 끄적여 두거나 몇 문단까지 작성한 사람이 있는가 하면, 단 한 줄도 쓰지 못한 사람도 허다할 것이다.

　설교 원고를 어떻게 구성할지를 고민한다. 글쓰기의 가장 기본인 개요를 작성해 보는 것이다. 설교가 설교답고 유기적인 총체가 되려면, 본문의 사상이 잘 분류되어 대지가 서로 잘 연관되고 하나의 주제 아래에 질서 있게 배열되어야 한다.[27] 설교자에 따라 다르겠지만 대개 이 과정이 가장 어렵고 시간도 많이 걸린다. 책상 앞에 반나절을 앉아 있어도 아무 진척이 없을 수 있다. 그렇다고 설교자가 빈둥거리며 논 것은 아니다.[28]

본문이 무슨 뜻인지 알고, 어떤 주제로 설교할지 알아도 어떻게 하면 좀 더 체계적이고 논리적으로 구성할지를 고민해야 한다. 머리로는 알겠지만 글로 표현하자니 어려울 때가 많다. 그럴 때면 설교자는 혼자 시름시름 앓는다. 아내에게 투덜거리기도 한다. 그러는 가운데 청중이 이해하기 쉬운 구조를 구성하려고 애쓴다.

설교 원고 쓰기

어떤 틀로 설교를 작성할지 정해지면 원고를 써 내려 간다. 청중이 눈앞에 있는 것처럼 생각하면서 글을 쓴다. 청중 전체를 생각하기도 하고, 몇몇 특정한 사람을 떠올리기도 한다.

'어떻게 하면 그들에게 유익을 줄 수 있을까?'

---

27. 허순길, 『개혁주의 설교』, 145.
28. 20세기가 낳은 명설교자 로이드 존스도 "구조를 맞추는 일은 설교 준비 중에서 가장 어려운 고역입니다"라고 말한다. 마틴 로이드 존스, 『설교와 설교자』, 정근두 옮김(복있는 사람, 2005), 123.

'어떻게 하면 편안하게 대화하는 것처럼 글을 쓸 수 있을까?'
'어떻게 하면 청중이 잘 이해할까?'
'새신자도 이 말씀을 이해할 수 있을까? 좀 더 쉽게 써야 하나?'

이런 생각을 하면서 원고를 썼다가 지우고 다시 쓰기를 수없이 반복한다. 글쓰기는 쓰는 것도 중요하지만 지우는 것도 중요하다. 손으로 원고를 쓰던 시절에 설교자들은 얼마나 고생했을까? 어떨 때는 글을 단숨에 써내려 가기도 하지만, 어떨 때는 한 문장조차 쓰기가 어렵다. 몇 페이지를 썼다가 다 지우고 다시 쓸 때도 있다. 하나님께서 지혜와 은혜를 주셔야만 설교 원고를 쓸 수 있다. 기도하는 마음으로, 때로는 기도하면서 글을 쓴다. 설교 원고는 소설이나 수필과 달리 성경이라는 텍스트에 근거한다. 그럼에도 창작의 고통이 설교자를 괴롭힌다.

원고 쓰는 방식은 설교자마다 차이가 난다. 어떤 설교자는 조사 하나, 음성 기호 하나까지 자세히 적는 반면에, 어떤 설교자는 자신만이 알아볼 수 있을 정도로 요약해서 정리한다. 이것은 설교자 개인의 취향에 따른 것이므로 무엇이 옳고 그르다고 말하기가 어렵다.[29] 찰스 스펄전은 설교 내용을 일일이 기록하지 않고 개요만 준비했다고 한다. 그는 설교 원고를 구체적으로 기록하는 것을 권하지 않

---

29. 조엘 비키, 마크 존스, "청교도의 설교 (1)", 『청교도 신학의 모든 것』, 792.

았다. 조나단 에드워즈는 초기에는 모든 문장을 자세히 작성했지만, 후기에 들어서는 간단한 요약서만 들고 강단에 섰다.[30]

제목 정하기

설교 원고는 제목을 붙임으로써 화룡점정이 된다. 제목으로 설교가 더욱 빛을 발한다. 제목은 연구 단계에서 정하기도 하고, 글을 쓰는 중에 정하기도 하며, 글쓰기가 끝난 다음에 정하기도 한다. 제목이 짧으면 한 글자, 길어야 스무 글자 정도 되지만 그냥 나오는 게 아니다. 깊은 고민과 성찰 끝에 좋은 제목이 나온다. 설교 원고 전체 분량에 비해 1,000분의 1도 안 되는 글자 수지만, 제목을 정하기까지 설교자의 고민은 끝이 없다.

퇴고하기

설교 원고는 작성 단계에서 이미 수차례 수정과 교정, 교열 작업이 이루어지지만 완성된 다음에는 퇴고를 거친다. 퇴고는 모든 글쓰기의 기본이다. 자기 글을 다시 읽는 게 쉽지 않아도 두세 번 정도 다시 읽으며 문장을 다듬고 단어 선택에 잘못은 없는지 확인한다.

---

30. 로이드 존스, 『설교와 설교자』, 329-331; 이안 머레이, 『조나단 에드워즈 삶과 신앙』, 윤상문, 전광규 옮김(이레서원, 2006), 285-287.

프린트 및 점검하기

설교 원고를 프린트해서 다시 읽어 본다. 수정할 사항이 발견되면 수정하고, 중요한 부분은 암기하며, 강조 부분은 형광펜이나 볼펜으로 표시한다. 원고를 수차례 읽으면서 거기에 담긴 감정을 다시 한 번 확인하고, 실제로 설교할 때 그 감정을 쏟아 낼 수 있도록 원고를 자기 것으로 만든다. 실제로 설교하는 것처럼 큰소리로 읽거나 가족 앞에서 시연하기도 한다. 어떤 설교자는 원고를 통째로 암기하기도 한다.

기도하기

설교 준비는 처음부터 끝까지 '엉덩이'로 하지만, 최종적으로는 '무릎'으로 한다. 설교 준비가 모두 끝나면 기도하면서 성령의 기름 부으심(unction)을 간절히 구한다. 설교는 말의 지혜가 아니라 성령의 감동하심을 따라 하는 것이기에 더욱 이런 기도가 요구된다(고전 2:4). 성령의 조명하심을 구하며 시작된 설교 준비는 성령의 기름 부으심을 구하며 마친다. 설교를 준비하는 과정마다 성령의 조명하심을 위한 기도를 틈틈이, 자주 한다. 때로 손 모으고 눈감고 고개를 숙이지는 않더라도 순간순간 기도하는 마음으로 준비한다.

앞서 열거한 설교 준비 순서는 설교자마다 차이가 나고, 같은 설교자라도 그때그때 조금씩 달라진다. 각 단계가 물 흐르듯 잘 진행되는 것도 아니다. 한 단계에서 다음 단계로 갈 때 상당한 시간이 걸리기도 하고, 몇 단계가 한꺼번에 진행되기도 한다.

설교는 매주일 돌아온다는 특성이 있다. 다시 말해, 매주 토요일이 마감일이다. 이 마감일은 조금도 늦출 수 없다. 토요일에 원고 작성이 덜 되었다고 하루를 더 미룰 수 없다. 주일 아침이면 무조건 강단에 서야 한다. "죄송합니다. 이번 주는 설교 준비가 덜 되었습니다. 다음 주에 설교하고 오늘은 쉬겠습니다"라고 말할 수 없다. 단 한 주도 예외 없이 찾아온다. 마치 끼니가 계속 밀려오는 것과 같다.

> 끼니는 어김없이 돌아왔다. 지나간 모든 끼니는 닥쳐올 단 한 끼니 앞에서 무효였다. 먹은 끼니나 먹지 못한 끼니나, 지나간 끼니는 닥쳐올 끼니를 해결할 수 없었다. 끼니는 시간과도 같았다. 무수한 끼니들이 대열을 지어 다가오고 있었지만, 지나간 모든 끼니들은 단절되어 있었다. 굶더라도, 다가오는 끼니를 피할 수는 없었다. 끼니는 파도처럼 정확하고 쉴 새 없이 밀어닥쳤다. 끼니를 건너뛰어 앞당길 수 없었고 옆으로 밀쳐 낼 수도 없었다. 끼니는 새로운 시간의 밀물로 달려드는 것이어서 사람이 거기에 개입할 수 없었다. 먹든 굶든 간에, 다만 속수무책의 몸을 내맡길 뿐이었다. 끼니는 칼로 베어지지 않았고 총포로 조준되지 않았다. 헤아릴 수 없이 많은 끼니

들이 시간의 수레바퀴처럼 군량 없는 수영을 밟고 지나갔다.[31]

김훈의 소설 『칼의 노래』에 나오는 유명한 글귀다. 전쟁 중의 끼니와 비교할 수는 없지만, 어김없이 돌아오는 설교 앞에서 설교자는 비슷한 심정을 느낀다. 설교자에게 설교는 어김없이 돌아오는 끼니와 같다. 글을 청탁받아 써 본 사람은 알겠지만 마감일을 지키기란 쉬운 일이 아니다. 마감일이 자주 돌아오면 그야말로 피가 마른다. 마감일을 영어로 데드라인(deadline)이라고 한다. 데드(dead)는 죽음이다. 영한사전에 보면, 데드라인의 다른 뜻 중에 사선(死線)이 있다. 설교자는 매주 토요일, 죽음을 마주한다. 설교를 듣는 생명을 살리기 위해 설교를 준비하는 자신은 죽어야 한다.

설교자는 글쟁이다. 날마다 글을 짓는다. 그러면서도 하나님의 말씀에서 벗어나서는 안 된다. 하나님의 말씀을 그냥 그대로 옮겨 적어도 안 된다. 성경을 재료로 설교를 짓되 재료가 그대로 드러나도 안 되고, 재료가 안 보여도 안 된다. 창작인 듯 창작 아닌 창작 같은 것이 설교 원고 쓰기다. 미묘한 줄타기 같은 글짓기다.

---

31. 김훈, 『칼의 노래 2』(생각의 나무, 2006), 48-49.

실제로 설교하기

이제 마지막 단계다. 실제로 설교를 하는 것이다. 설교 원고는 설교가 아니다. 끝날 때까지 끝난 게 아니다. 설교 원고에 쓰인 글이 설교자의 입을 통해 말로 청중의 귀에 전달될 때 비로소 설교가 된다.

설교는 글이 아니라 말로 전달되는 하나님의 말씀이다. 설교자는 글에 호흡을 불어넣어 청중에게 전달한다. 이때 혼신의 힘을 다한다. 원고에는 활자만 기록되어 있지만, 실제 설교할 때는 음성, 발음, 어조, 몸짓, 표정, 눈빛 등을 통해 글에 담긴 뜻이 청중의 귀와 눈에 전달된다. 설교는 기계음이 아닌 한 인격자의 목소리를 통해 전해진다. 설교자는 설교에 하나님의 마음을 담아 열정을 다해 토해 낸다.

18세기 영국과 미국의 영적 대각성 운동을 일으킨 설교자 조지 휫필드(George Whitefield, 1714-1770년)에게 한 출판업자가 설교집을 내자고 제안했다. 휫필드는 이렇게 대답했다.

> 제 설교집이 사람들에게 유익이 된다면 좋은 일이죠. 하지만, 뇌성과 우레까지도 책에 담을 수 있을지는 의문입니다.[32]

---

32. 아놀드 델리모어, 『조지 휫필드』, 오현미 옮김(두란노 1991), 125-126; 로이드 존스, 『설교와 설교자』, 90.

19세기 미국의 탁월한 설교자 제임스 헨리 손웰(James Henry Thornwell, 1812-1862년)의 전기 작가는 손웰의 설교에 대해 이렇게 말했다.

> 그 자비로운 눈매, 감격해서 내는 다양한 어조, 무엇을 말하는 듯한 표정, 예표적이고 상징적인 손짓, 그의 나머지 모든 것들까지도 자기 속에서 짜 넣은 그 전체로 움직이는 인품을 어떤 묘책으로 전달해 줄 수 있을까?[33]

실제로 설교하는 일은 설교 원고를 작성하는 것보다 힘들다. 영적인 긴장을 늦출 수 없다. 영적 전쟁이다. 그렇기에 실제 전달 과정에서 성령의 기름 부으심이 절대적으로 필요하다. 말씀의 기록자인 사도들조차 설교할 때 성령의 충만함을 따라서 했다.

> 이에 베드로가 **성령이 충만하여** 이르되 백성의 관리들과 장로들아 (행 4:8).

> 빌기를 다하매 모인 곳이 진동하더니 무리가 다 **성령이 충만하여** 담대히 하나님의 말씀을 전하니라(행 4:31).

---

33. 로이드 존스, 『설교와 설교자』, 152.

내 말과 내 전도함이 설득력 있는 지혜의 말로 하지 아니하고 다만 **성령의 나타나심과 능력으로** 하여(고전 2:4).

²⁸ 우리가 그를 전파하여 각 사람을 권하고 모든 지혜로 각 사람을 가르침은 각 사람을 그리스도 안에서 완전한 자로 세우려 함이니 ²⁹ 이를 위하여 나도 **내 속에서 능력으로 역사하시는 이의 역사를 따라** 힘을 다하여 수고하노라(골 1:28-29).

이는 우리 복음이 너희에게 말로만 이른 것이 아니라 또한 능력과 **성령과 큰 확신으로 된 것임이라** 우리가 너희 가운데서 너희를 위하여 어떤 사람이 된 것은 너희가 아는 바와 같으니라(살전 1:5).

설교 준비만 있고 성령의 기름 부으심이 없어서는 안 되고, 성령의 기름 부으심만 있고 설교 준비가 없어서도 안 된다. 설교를 준비하는 과정 전체에 성령의 조명과 기름 부으심이 있어야 하고, 설교를 실제로 전달하는 과정 전체에 성령의 기름 부으심이 있어야 한다. 설교자는 설교를 준비하고, 성령님은 그 준비와 실제에 함께하셔야 한다.

지금까지 살펴본 것처럼 한 편의 설교는 그렇게 쉽게 나오지 않는다. 우리가 설교를 가볍게 들을 수 없는 이유다.

3장

설교, 어떻게 들어야 하는가?

'설교자가 잘하면 되지, 내가 뭘 잘해야 하나?' 여기까지 이 책을 찬찬히 읽은 독자라면 더 이상 이런 생각은 하지 않을 것이다. 설교란 단지 설교자만의 사역으로 효력을 나타내지 않는다. 청중의 자세와 노력에 따라 결정된다.

 아무리 훌륭한 설교라도 청중이 졸고 있으면 그 설교는 아무런 영향력을 발휘하지 못한다. 아무리 훌륭한 설교라도 청중이 듣지 않으면 무의미하다. 소리나는 구리와 울리는 꽹과리조차 되지 못한다. 설교는 잠자는 영혼을 깨우는 일이지, 잠자는 육체를 깨우는 수단이 아니다. 설교는 귀 있는 자에게 선포되는 말씀이지, 귀를 막고 있는 사람의 귀를 열지는 못한다.

● 평소에 준비하기

설교자는 평소에 설교를 준비한다. 설교를 앞두고 준비하는 게 아니다. 매일매일이 준비이고, 일상이 설교 준비 그 자체다. 그러다가 설교를 앞두고 본격적으로 준비를 한다. 청중도 마찬가지다. 평소에 준비해야 한다. 주일 아침 교회당에 도착해서 비로소 준비해서는 안 된다. 일상이 늘 설교를 듣기 위한 준비가 되어야 한다. 설교자만큼 노력이 요구되는 건 아니지만 준비가 필요한 건 틀림없다. 삶 전체가 듣기를 위한 준비가 되어야 한다.

말씀을 따라 사는 삶
설교를 듣기 위한 최선의 준비는 말씀을 따라 사는 것이다. 평소 말씀에 목말라하고, 말씀을 사모하며, 말씀대로 살려고 노력하는 사람이야말로 돌아오는 주일에 선포될 설교를 들을 준비가 된 사람이다. 평소에 말씀을 따라 살려는 노력이 없다면, 돌아오는 주일에 선포될 설교에 아무런 기대가 생기지 않는다. 어차피 내 마음대로 살 건데, 어차피 내 삶과 상관이 없을 텐데 들을 마음이 생기지 않는 건 당연하다.

반면 말씀이 삶에 영향을 준다면 돌아오는 주일의 설교에 대한 기대가 생긴다. 그 말씀이 곧 삶의 이정표가 되기 때문이다. 당장 내 눈앞에 닥친 삶에 도움을 줄 설교를 기다리게 된다. 설교가 끝나고 자리에서 일어서는 순간, 방금 들은 내용을 다 잊어버리는 것이 아니라, 다음 주에는 또 어떤 은혜가 기다리고 있을까 갈망하는 삶이 필요하다. 평소 말씀을 따라 사는 사람이야말로 설교를 잘 들을 수 있는 최상의 사람이다.

성경 읽기

"아는 만큼 보인다"는 말처럼 아는 만큼 들린다. 성경에 대한 지식은 설교를 이해하는 정도와 비례한다. 아는 만큼 듣기 위해서는 앎의 넓이와 깊이를 날마다 늘여 가야 하는데, 그러자면 평소에 성경을 열심히 읽어야 한다.

설교자가 하루 이틀 설교하는 게 아니고 매주 만나는 청중을 대상으로 설교를 하다 보면 어떤 내용은 굳이 말하지 않고 넘어가는 경우가 있다. 예컨대 "베드로가 이렇게 말했습니다"라고 할 때, 청중 중에는 '베드로가 누구지?'라고 생각하는 사람도 있을 것이다. "아브라함이 이삭을 바칠 때 그러했던 것처럼"이라고 할 때, 청중 중에는 '아브라함이 뭘 어떻게 했다는 거지?' 하며 고개를 갸우뚱하는 사람도 있을 것이다.

설교자가 그러한 청중까지 다 염두에 두고 일일이 설명하며 설교를 하면 좋겠지만, 현실적으로 그렇게 하기란 쉽지 않다. 설교 전체의 흐름과 맥락이 있기 때문이다. 그러므로 청중은 평소 성경 읽기를 통해 성경 속 정보들을 미리 알아 두는 것이 좋다. 베드로가 예수님의 제자이고, 한때 예수님을 모른다고 부인했던 사람이라는 사실을 알고 설교를 듣는 것과 모르고 듣는 것에는 엄청난 차이가 있다.

성경 읽기는 설교 듣기의 기초 체력이다. 평소에 성경 읽기를 통해 성경 속 기본 개념과 지식을 익혀 두면 설교 듣기가 쉬워진다.[34] 성경 읽기를 통해 설교 듣기의 근력을 키워야 한다.

설교자를 위한 기도

설교자를 위해 꾸준히 기도해야 한다. 설교란 설교자와 청중의 상호 작용이다. 설교자가 청중을 위해 기도하며 설교를 준비하듯, 청중은 설교자를 위해 기도하며 설교 들을 준비를 해야 한다. 청중의 기도는 설교자의 설교를 돕는 놀라운 힘이다. 탁월한 설교자 사도 바울은 자신의 복음 사역과 말씀 사역을 위해 에베소 교회와 골로새 교회에 기도를 요청했다.

> [18] 모든 기도와 간구를 하되 항상 성령 안에서 기도하고 이를 위하여 깨어 구하기를 항상 힘쓰며 여러 성도를 위하여 구하라 [19] **또 나를 위하여 구할 것은 내게 말씀을 주사 나로 입을 열어 복음의 비밀을 담대히 알리게 하옵소서 할 것이니**(엡 6:18-19).

---

34. 손재익, "성경 읽기와 신앙생활", 〈Knowing the Times〉, 7호, 96-115.

² 기도를 계속하고 기도에 감사함으로 깨어 있으라 ³ 또한 **우리를 위하여 기도하되 하나님이 전도할 문을 우리에게 열어 주사 그리스도의 비밀을 말하게 하시기를 구하라** 내가 이 일 때문에 매임을 당하였노라 ⁴ 그리하면 내가 마땅히 할 말로써 이 비밀을 나타내리라(골 4:2-4).

바울의 이 기도 요청은 우리 모두를 향한 것이기도 하다. 바울 자신을 위함이 아니라 오고 오는 교회의 설교자들을 위한 기도 요청이다. 우리는 이 요청을 하나님의 말씀으로 알고 설교자를 위해 기도하며 설교 들을 준비를 해야 한다. 평소에 늘 하기 어렵다면 적어도 토요일 저녁에라도 설교자를 위해 기도하자. 토요일 저녁 당신이 기도할 때, 당신의 설교자 역시 기도하고 있을 것이다. 설교 자체를 위해서든, 설교를 들을 당신을 위해서든 설교자를 생각하며 기도하라. 설교자가 설교 원고를 작성할 때 함께하시는 성령님께 기도하라. 내일 당신이 설교를 들을 때에도 동일하게 함께해 달라고.

● 설교를 앞두고 준비하기

평소에 늘 설교 들을 준비를 해야 하지만, 특별히 설교가 있는 주일을 앞두고 더욱 준비해야 한다. 토요일에만 할 수 있는 중요한 준비가 있다.

본문 읽기

다음 날 선포될 설교 본문을 미리 읽어 보라. 이 정도의 노력은 크게 어렵지 않을 것이다. 설교자가 성경을 연속해서 강해하는 스타일이라면 다음 날의 설교 본문을 충분히 예상할 수 있다. 그렇지 않더라도 요즘은 교회 홈페이지에 미리 주보를 올려 두기 때문에 본문을 미리 알기란 어렵지 않다.

먼저, 해당 본문을 읽는다. 본문이 사건이나 이야기를 다루고 있다면 줄거리를 간략히 정리해 본다. 본문의 핵심 단어나 문장이 무엇인지를 살펴본다. 본문을 읽고 생기는 의문점을 적어 둔다. 가족들과 함께 본문을 읽고 이야기를 나눠 보는 것도 좋다. 그러면서 설교에 대한 기대를 가져 보자.

일찍 잠자리에 들기

토요일 저녁이 되면 일찍 잠자리에 들어야 한다. 평소에 늦게 자더라도 토요일만큼은 일찍 자자. 토요일 저녁의 약속은 최소화하고, 불필요한 일을 많이 하거나 늦게 자지 않도록 한다.[35] 격한 운동을 하거나 밤늦도록 TV 시청이나 인터넷 등으로 시간을 보낸 다음, 주일 오전에 설교가 잘 들리기는 어렵다.

---

35. 제이 아담스, 『설교는 이렇게 들어야 합니다』, 33.

잠은 듣기를 방해하는 최고의 적이다. 설교 듣기뿐 아니라 어떤 형태의 듣기라도 그러하다. 쏟아지는 졸음을 이기기란 쉽지 않다. 눈꺼풀은 평소에는 무게를 못 느낄 만큼 가볍지만 졸음이 올 때는 천근만근이다. 졸릴 때는 천하장사도 들어 올릴 수 없는 게 눈꺼풀이다.

설교를 듣는 일은 지나가는 자동차 소리를 듣거나 누군가의 노래를 듣거나 친구와 대화하는 것과 비교할 수 없을 정도로 체력이 많이 든다. 피곤한 상태로는 듣기가 어렵다. 미리 수면을 충분히 취해 두는 최소한의 노력을 해야 한다. "여호와께서 그의 사랑하시는 자에게는 잠을 주시는도다"(시 127:2)라는 말씀은 설교나 예배 시간에는 적용되지 않는다.

전날 충분히 잤는데도 불구하고 졸음이 올 경우를 대비해 여러 수단을 미리 준비하는 것도 좋다. 설교자와 다른 사람에게 방해되지 않을 정도로 물이나 작은 박하사탕을 준비하는 것도 한 방법이다. 잠든 영혼을 깨워야 하는 설교자에게 육체의 잠까지 깨울 의무를 지우는 것은 청중의 도리가 아니다.

설교 시간에 조는 사람들은 대개 "너무 지루해서 그렇다"고 변명한다. 청중 대부분이 졸았다면 몰라도, 그 사람만 졸았다면 그것은 명백한 핑계이고 책임 전가다. 설교 시간에 조는 책임은 자기에게 있다. 청중의 60퍼센트 이상이 졸았다면 책임이 설교자에게 있을는지도 모른다.

조는 건 대개 습관이다. 설교가 시작되자마자 졸음이 쏟아지는 경우가 그러하다. 습관적인 졸음은 게으름에서 비롯되고, 게으름은 단순한 성향의 문제가 아니라 우리 안에 깊이 뿌리 박혀 있는 죄에서 나온다.[36] 습관이라 어쩔 수 없다고 핑계 대지 말고, 졸지 않는 습관을 들여 보자. '설교 시간에 조는 게 뭐 어때?'라는 생각이 든다면 다음 구절을 읽어 보자. 너무 충격받지는 말기 바란다.

> [7] 그 주간의 첫날에 우리가 떡을 떼려 하여 모였더니 바울이 이튿날 떠나고자 하여 그들에게 강론할새 말을 밤중까지 계속하매 [8] 우리가 모인 윗다락에 등불을 많이 켰는데 [9] 유두고라 하는 청년이 창에 걸터앉아 있다가 깊이 졸더니 바울이 강론하기를 더 오래 하매 졸음을 이기지 못하여 삼 층에서 떨어지거늘 일으켜 보니 죽었는지라(행 20:7-9).

기도하기

설교자뿐 아니라 자기 자신을 위해서도 기도해야 한다. 설교자의 설교가 설교 준비만으로 되지 않고 성령님의 도우심이 요구되듯, 청중의 설교 듣기도 듣는 행위만으로 되지 않고 성령님의 도우심이 필요하다. 그러므로 기도로 준비해야 한다.

---

36. 김남준, 『거룩한 삶의 은밀한 대적 게으름』(생명의말씀사, 2003).

우리가 하나님의 말씀을 듣지 못하는 것은 환경 탓도 있지만, 무엇보다 그 원인이 영적 세력에 있다. 사탄이 문제다. 사탄은 우리가 말씀을 듣지 못하게 최대한 방해한다. 우리로 하여금 늦게 자게 만들고, 설교 중에 다른 생각을 하게 하며, 설교를 듣는 자리에 참여하지 못하게 여러 상황들을 만든다. 이것을 이길 힘은 기도에서 나온다.

주일 아침에 허둥대지 않기

토요일 밤에 일찍 잠자리에 들었다면 주일 아침에는 적당한 시간에 기상한다. 주일이라고 게으름을 피우거나 늦잠을 즐겨서는 안 된다. 준비 시간, 이동 시간, 교통 정체, 돌발 상황, 주차 시간 등을 고려해 일어난다. 허둥지둥 교회당에 가지 않도록 한다. 교회당에 갈 때 필요한 성경책과 찬송가, 그 밖의 준비물은 미리 챙겨 둔다. 아침에 찾으려 하면 시간을 낭비하기 십상이다.

주일 아침 교회당으로 가는 길에 부부나 가족이 다투지 않도록 조심한다. 누구 때문에 늦었느니 하며 다투면 불쾌한 마음으로 예배에 참석해야 한다. 그러면 예배 시간 내내 마음이 불편할 수밖에 없다. 최대한 다투는 일이 없도록 서로 노력한다.[37]

지금까지의 모든 내용을 웨스트민스터 소요리문답 제90문답과

---

37. 제이 아담스, 『설교는 이렇게 들어야 합니다』, 35.

웨스트민스터 대요리문답 제160문답이 잘 정리해 놓았다.

웨스트민스터 소요리문답

90문: 말씀을 어떻게 읽고 들어야 구원에 효력 있게 됩니까?

답: 말씀이 구원에 효력 있게 되려면, **우리는 부지런함과**(잠 8:34) **준비와**(벧전 2:1-2) **기도로**(시 119:18) **참여해야 하며**, 믿음과 사랑으로 그 말씀을 받아들여(히 4:2, 살후 2:1) 마음속에 간직하고(시 119:1), 우리의 삶에서 실천해야 합니다(눅 8:15, 약 1:2).

웨스트민스터 대요리문답

160문: 설교 된 말씀을 듣는 사람들에게는 무엇이 요구됩니까?

답: **설교 된 말씀을 듣는 사람들에게 요구되는 것은 부지런함과**(잠 8:34) **준비와**(벧전 2:1-2, 눅 8:18) **기도로**(시 119:18, **엡 6:18-19**) **참여하며**, 그 들은 바를 성경으로 살펴보며(행 17:11), 믿음과(히 4:2) 사랑과(살후 2:10) 온유와(약 1:21) 준비된 마음으로(행 17:11) 진리를 받되, 하나님의 말씀으로(살전 2:13) 받아들이며, 그것을 묵상하고(눅 9:44, 히 2:1), 참고하며(눅 24:14, 신 6:6-7), 마음속에 간직하고(잠 2:1, 시 119:11), 삶 속에서 그 열매를 맺는 것입니다(눅 8:15, 약 1:25).

● 설교를 듣는 자세

경청하라

경청해야 한다. 귀 기울여 설교를 듣는 건 청중의 가장 기본적인 자세다. 육체의 귀를 닫고는 마음의 귀를 열 수 없다. 육체의 귀를 활짝 열어도 마음의 귀가 닫혀 있을 수 있는데, 하물며 육체의 귀가 닫혀 있다면 마음의 귀는 전혀 반응할 수 없다.

한편, 귀를 열기 위해서는 마음을 열어야 한다. 육체의 귀를 열고 마음의 문을 활짝 열어 선포되는 설교에 귀 기울여야 한다. 귀는 마음의 의지에 따라 어떤 것은 듣고, 어떤 것은 듣지 않기도 한다.

> 베드로가 열한 사도와 함께 서서 소리를 높여 이르되 유대인들과 예루살렘에 사는 모든 사람들아 이 일을 너희로 알게 할 것이니 **내 말에 귀를 기울이라**(행 2:14).

> 너희는 **귀를 기울이고** 내게로 나아와 들으라 그리하면 너희의 영혼이 살리라…(사 55:3).

사도와 선지자는 우리에게 귀를 기울이라고 요청한다. 이 요청은 하나님의 요청이요, 설교자의 요청이다.

온 마음과 정신을 설교자의 입술로 향해야 한다. 주보를 보거나 예배 후에 있을 다른 모임을 생각한다거나 다음 날에 처리할 회사 일을 생각해서는 설교가 효력 있는 방편이 될 수 없다. 설교자가 무슨 옷을 입었고 넥타이는 무슨 색깔인지 신경 쓴다든지, 주보의 오타를 찾는다든지, 옆 사람의 행동에 관심을 가진다든지 하는 모든 일도 설교 듣기의 방해 거리다.[38]

설교는 '듣는' 일이지만, 그렇다고 귀만 설교자를 향해서는 안 된다. 설교자의 목소리뿐 아니라 표정, 몸짓 같은 비언어적 신호들도 무시하지 말라. 비언어적 신호 자체는 설교는 아니지만 설교를 돕는 중요한 도구다.[39] 그렇기에 설교자를 바라보지 않거나 눈을 감고 들어서는 안 된다. 귀와 눈을 포함한 모든 감각 기관이 설교자를 향해야 한다.

개신교회의 예배당은 로마가톨릭교회이나 다른 종교의 건물과 달리 단순하다. 화려한 장식이 없고 설교단만 강조된다. 설교의 중요성을 드러내고, 청중이 설교에만 집중하도록 돕기 위해서다. 이러한 배려는 교회의 오랜 역사를 통해 중요하게 여겨져 왔고 지금도 그러하다.

---

38. 설교는 십계명 중 제3계명과 연관된다. 설교는 하나님의 이름을 언급하는 시간이기 때문이다. 그러므로 여호와 하나님의 이름이 선포되는 설교 시간에 그분의 말씀에 집중하지 않는다면 제3계명을 어기는 것이다. 설교자가 선포하는 여호와 하나님의 이름에는 관심이 없고, 설교자의 외모나 목소리, 표현, 말솜씨에 신경 쓰는 것 역시 제3계명을 어기는 것이다. 이와 관련해 손재익,『십계명, 언약의 10가지 말씀』, 138-141을 보라.
39. 최성수,『어떻게 하면 설교를 바르게 들을 수 있을까』, 173.

반드시 필요한 건 아니지만, 설교자를 돕기 위해 '내가 지금 설교를 잘 듣고 있다'는 표정을 지어 보인다면 금상첨화다. 설교자는 청중의 반응을 은근히 지켜보고 있다. 그래서 청중이 설교에 집중하고 있음을 자기만의 방식으로 보여 줄 때 힘이 난다. 메시지에 더욱 힘이 실린다. 청중이 졸거나 스마트폰이나 주보 등을 들여다보고 있으면 아무래도 힘이 빠진다. '나 한 사람 정도야' 하는 마음으로 모든 청중이 이렇게 할 때, 설교 원고는 원래 작성되었던 당시의 느낌대로 살아나지 못할 수 있다. 갈급한 심정으로, 타는 목마름으로 설교를 들어야 한다.

하나님의 말씀으로 생각하라

설교를 하나님의 말씀으로 생각하고 들어야지 사람의 말로 생각해서는 안 된다. 하나님은 자신이 세운 설교자를 통해 말씀하신다. 설교자의 전 인격을 사용해 교회에 말씀을 전하신다. 우리 앞에 선 이는 설교자이지만, 그 뒤에는 하나님이 계신다. 설교자는 하나님께서 사용하시는 도구다. 청중은 설교자를 바라보고 있지만, 궁극적으로는 설교자 등 뒤에 계신 하나님을 향하고 있다. 설교자 뒤에는 하나님이 계시고, 청중은 설교자 너머에 계신 그분의 음성을 듣는다.

이러므로 우리가 하나님께 끊임없이 감사함은 너희가 우리에게 들은 바 **하나님의 말씀을 받을 때에 사람의 말로 받지 아니하고 하나**

님의 말씀으로 받음이니 진실로 그러하도다 이 말씀이 또한 너희 믿는 자 가운데에서 역사하느니라(살전 2:13).

데살로니가 교회의 청중은 설교를 사람의 말이 아니라 하나님의 말씀으로 생각하며 들었다. 그 결과 말씀이 데살로니가 교회에 역사했다. 그들과 같이 우리도 설교를 하나님의 말씀으로 생각하며 들어야 한다.

설교를 하나님의 말씀으로 듣지 않고 사람의 말로 들으면 그 어떤 역사도 일어나지 않는다. 사람인 설교자를 사용해 말씀하시는 하나님의 음성에 귀 기울여야 한다. 설교자의 탁월함이나 부족함에 주목하지 말고 하나님의 말씀하심에 귀 기울여야 한다. 예배의 자리에 나온 궁극적인 목적은 설교자를 만나기 위해서가 아니라 하나님을 만나기 위해서가 아닌가?

웨스트민스터 대요리문답 제160문답은 데살로니가전서 2장 13절에 근거해 설교를 하나님의 말씀으로 받아들여야 한다고 가르친다.

160문: 설교 된 말씀을 듣는 사람들에게는 무엇이 요구됩니까?

답: 설교 된 말씀을 듣는 사람들에게 요구되는 것은 부지런함과 준비와 기도로 참여하며, 그 들은 바를 성경으로 살펴보며, 믿음과 사랑과 온유와 준비된 마음으로 진리를 받되, **하나님의 말씀으로**(살전 2:13) **받아들이며**, 그것을 묵상하고, 참고하며, 마음속에 간직하고,

삶 속에서 그 열매를 맺는 것입니다.

설교를 하나님께서 과거에 하신 말씀으로 들어서도 안 된다. 3,500년 전 모세에게 주신 말씀, 2,000년 전 제자들에게 주신 말씀으로 듣지 말고 지금 내게 주시는 말씀으로 들어야 한다. 설교는 현재 살아계신 하나님께서, 현재 내게 주시는 말씀이다. 설교자가 비록 수천 년 전에 기록된 말씀을 본문으로 전하지만, 그것을 과거의 일, 역사적 사건으로만 생각하지 말고 바로 오늘 일어난 사건이라고 여기며 들어야 한다. 내일 당장 내 삶 속에서 계속될 일이라고 생각하면서 들어야 한다.[40]

성령님을 의지하면서 들으라

설교를 들을 때는 자신이 아닌 성령 하나님의 힘을 의지하면서 들어야 한다. 하나님의 말씀을 바르게 깨달으려면 말씀의 저자인 성령 하나님의 인도하심이 중요하다.

성경의 기록자는 성령 하나님이시다(벧후 1:21). 설교자를 세우신 분도 성령 하나님이시다. 설교자가 설교 원고를 작성할 때 함께하신

---

[40] "과거의 사건을 '보는 것'에 의존하면 그 사건은 하나의 단회적인 '일어난 사실'이 되지만, '듣는 것'에 의존하면 여전히 반복적으로 '일어나는 사건'이 된다." 한수환, 『기독교적인 선포인가?』, 108.

분도 성령 하나님이시다. 설교가 선포될 때 설교자의 입술에 함께 하시는 분도 성령 하나님이시다(행 4:8, 31, 고전 2:4, 엡 6:19, 골 1:29, 살전 1:5). 그러므로 성령 하나님을 의지해야만 설교를 잘 들을 수 있다. 설교를 잘 듣고 내용을 잘 이해할 수 있게 해달라고 성령 하나님께 간구하라. 성령 하나님은 말씀을 통해 말씀과 함께 역사하신다.

이런 점에서 설교 듣기는 단순한 듣기가 아니다. 귀가 있다고 해서 다 들을 수 있는 것도 아니다. 성령 하나님의 인도하심을 받지 못하는 사람은 설교를 제대로 들을 수 없다.

겸손과 온유함으로 들으라
설교는 겸손과 온유한 마음으로 들어야 한다. 어린아이같이 순수한 마음으로 들어야 한다. "어디 얼마나 잘하나 보자"는 식의 교만한 자세로는 설교를 들어도 아무 유익이 없다.

> 그러므로 모든 더러운 것과 넘치는 악을 내버리고 너희 영혼을 능히 구원할 바 마음에 심어진 **말씀을 온유함으로 받으라**(약 1:21).

> [1] 그러므로 **모든 악독과 모든 기만과 외식과 시기와 모든 비방하는 말을 버리고** [2] **갓난아기들같이 순전하고 신령한 젖을 사모하라** 이는 그로 말미암아 너희로 구원에 이르도록 자라게 하려 함이라 [3] 너희가 주의 인자하심을 맛보았으면 그리하라(벧전 2:1-3).

야고보는 말씀을 온유하게 들으라고 명하며, 베드로는 모든 기만과 시기를 버리고 갓난아기들과 같이 순전하게 말씀을 들으라고 명한다. 우리는 사도의 가르침대로 모든 교만을 버리고 온유함으로 말씀을 받아야 한다. 하나님의 말씀인 설교를 들을 때 겸손한 자세로, 온유한 마음을 가지고 듣는 건 당연하다. 하나님 앞에서 교만할 수 있는 사람은 아무도 없다.

예전에 섬기던 교회에서 있었던 일이다. 어떤 분이 설교 시간만 되면 고개를 숙였다. 처음에는 그러려니 했다. 그런데 그런 일이 매주 반복되었다. 예배 중 다른 순서 때는 분명 앞을 보다가도 설교 시간만 되면 고개를 숙였다. 무엇을 하는지 자세히 보니 성경을 읽고 있었다. 그것도 설교자가 찾아보라고 한 본문도 아니고, 설교와 관련된 내용도 아니었다. 그냥 평소 자기가 읽던 구절이었다. 설교를 듣지 않고 성경을 읽고 있었던 것이다. 그는 평소에 설교자와 관계가 좋지 않았는데, 그에 대한 불편한 감정을 설교 시간에 다른 일을 하는 것으로 드러낸 것이다. 설교 듣기보다는 성경 읽기가 유익하다고 생각한 모양이다.

뜻밖에도 그렇게 하는 성도들을 심심찮게 본다. 아무리 설교자에게 악감정이 있다 하더라도 그런 행위는 바람직하지 않다. 성경적 가치를 떠나 일반인의 도덕적 관점에서 보아도 바람직하지 않다. 앞에 서서 말씀을 전하는 이를 모욕하는 행위다. 그런 행위는 설교자에 대한 불만을 넘어 그 설교자를 세우신 하나님을 향해 불만을 드러내는 것이다. 설교자에게 불만이 있다면 다른 방식으로 항의해야지 하나님께서 허락하신 예배와 설교 시간에 그렇게 하는 것은 불경(不敬)하다.

청중은 설교자에 대한 어떤 편견도 갖지 말고 정직한 마음으로 하나님의 말씀을 들어야 한다. 설교자의 말이 아니라 하나님의 말씀을 듣기 위해 앉아 있음을 잊지 말아야 한다.

유익을 얻으려는 심정으로 들으라

모든 말씀이 내게 유익을 준다는 심정으로 들으라. 하나님의 말씀은 구원하는 능력이 있고, 영혼을 꿰뚫는 힘이 있다. 말씀은 다른 누군가가 아니라 듣고 있는 나에게 유익을 준다.

> 하나님의 말씀은 살아 있고 활력이 있어 좌우에 날선 어떤 검보다도 예리하여 혼과 영과 및 관절과 골수를 찔러 쪼개기까지 하며 또 마음의 생각과 뜻을 판단하나니(히 4:12).

히브리서 기자의 말처럼 하나님의 말씀은 그 자체로 큰 유익을 준다. 말씀은 살아 있기에 어떤 검보다도 예리하게 우리의 영혼을 꿰뚫는다. 우리가 어떤 마음과 생각을 갖고 있는지도 다 파악한다. 우리의 생각과 삶을 해석해 준다.

그 말씀을 도구로 삼는 설교 역시 우리에게 큰 유익을 준다. 이 사실을 믿고 설교를 들어야 한다. 그렇게 하지 않는다면 말씀은 우리에게 아무런 유익이 되지 않는다. 하나님은 유익을 얻기 원하는 자에게 유익을 주신다.

이해하면서 들으라

듣는다는 건 막연히 귀로 듣는 게 아니라 이해하는 것이다. 이해가 동반되지 않는 들음은 무의미하다. 설교자가 무슨 말을 하고 있는지도 모르고 듣는다면 지나가는 자동차 소리를 듣는 것보다 못하다. 주변의 수많은 소음을 듣는 것과 다르지 않다. 설교를 들을 때는 설교자가 전하는 메시지가 무엇인지를 이해하면서 들어야 한다.

    이것은 비단 설교만의 문제는 아니다. 모든 들음은 이해를 수반해야 한다. 친구가 말을 하는데 무슨 내용인지도 모르면서 "어, 알았어" 하고 얼버무린다면 바른 듣기가 아니다. 하물며 설교는 어떻겠는가? 설교자가 전하는 말씀의 의미를 이해하려고 노력해야 한다.

    안타깝게도 많은 청중이 이해하지 않고 그냥 듣는다. 이해하려고 노력하지 않으며 듣는다. 그러니 돌아서면 무엇을 들었는지 하나도 기억나지 않는다. 하루도 지나지 않아 설교 내용은커녕 본문이 어딘지도 기억하지 못한다. 반면에 이해하려고 노력하며 설교를 들으면, 자세한 내용을 일일이 기억하지는 못해도 전체 주제만큼은 절대로 잊지 않는다.

    이해하며 듣는 것은 귀가 아니라 머리로 하는 행위다. 나아가 마음으로 하는 행위다. 막연히 듣는 것은 귀가 있다면 누구나 할 수 있는 일이다. 그러나 말씀을 듣고, 말씀을 통해 유익을 얻으며, 말씀을 실천하기 위해서는 듣는 일을 머리로, 마음으로 해야 한다.

믿음으로 들으라

하나님의 말씀은 믿음으로 들어야 한다. 믿음으로 듣지 않으면 아무런 유익이 없다. 믿기 위해서 듣고, 믿으면서 들으며, 듣고 믿어야 한다. 이 사실을 히브리서 기자가 분명히 지적한다.

> 그들과 같이 우리도 복음 전함을 받은 자이나 들은 바 그 말씀이 그들에게 유익하지 못한 것은 듣는 자가 믿음과 결부시키지 아니함이라(히 4:2).

말씀이 유익이 되려면 들음과 믿음이 하나가 되어야 한다. 구약 교회의 중요한 설교자 중에 노아가 있었다.

> 옛 세상을 용서하지 아니하시고 오직 **의를 전파하는 노아**와 그 일곱 식구를 보존하시고 경건하지 아니한 자들의 세상에 홍수를 내리셨으며(벧후 2:5).

"의를 전파하는 노아"라고 번역된 말이 영어성경(NIV, KJV, NASB)에는 "Noah, a preacher of righteousness"(노아, 의의 설교자)라고 되어 있다. 노아는 당시의 '설교자'였다. 노아는 장차 홍수가 있을 것이라고 설교했다. 노아의 설교는 앞으로 일어날 일에 대한 선포였기에 예언적 의미가 있었다. 노아는 하나님의 공의를 전했고, 하나님의 심판을 선포했다.

사람들은 설교자 노아의 말을 믿음으로 들어야 했다. 홍수는커녕 맑은 하늘이 계속되는 때에라도 그의 말을 믿어야 했다. 믿기 위해서 듣고, 믿으면서 들으며, 듣고 믿어야 했다. 하지만 그들은 노아의 말을 믿음에 결부시키지 않았다. 방주를 만드는 노아와 함께하지 않았고, 노아가 만든 방주에 타지 않았다. 노아의 선포는 하루 이틀 있었던 게 아니었다. 몇 달, 몇 년 계속되었다. 그러나 그들은 노아의 설교에 귀 기울이지 않았고 그의 외침을 무시했다. 결국 그들은 물로 구원받지 못하고 물로 심판을 받았다(참조. 벧전 3:20).

믿음은 설교를 들음으로 생기지만, 또한 듣기 위한 전제이기도 하다. 믿고 들어야 유익을 누릴 수 있다. 믿고 들어야 믿을 수 있다. 고대 교부 아우구스티누스(Augustinus, 354-430년)는 이렇게 말했다. "믿으려면 이해하라. 이해하려면 믿으라"(Intellege, ut credas. Crede, ut intelligam.).[41]

---

41. Augustinus, *Sermo*, 43, 9, PL 38, 258.

지금까지 다룬 내용을 웨스트민스터 신앙고백서 제21장 5절과 웨스트민스터 소요리문답 제90문답과 웨스트민스터 대요리문답 제160문답이 잘 정리해 놓았다.

웨스트민스터 신앙고백서

제21장 종교적 예배와 안식일에 관하여

5. 경건한 두려움으로 하는 성경 낭독, 건전한 설교, 분별력과 **믿음과 경외심을 가지고 하나님께 순종함으로 말씀을 양심적으로 듣는 것**(히 4:2), 마음으로부터 은혜로 시편을 부르는 것, 또한 그리스도께서 제정하신 성례를 시행하고 합당하게 받는 것이 하나님께 드리는 통상적인 예배의 모든 요소다. 이 외에도 종교적 맹세, 서원, 엄숙한 금식, 특별한 경우에 드리는 감사가 있다. 이런 요소들은 적절한 시기와 때에 따라 거룩하고 종교적인 방식으로 행해져야 한다.

웨스트민스터 소요리문답

90문: 말씀을 어떻게 읽고 들어야 구원에 효력 있게 됩니까?

답: 말씀이 구원에 효력 있게 되려면, 우리는 부지런함과 준비와 기도로 참여해야 하며, **믿음과 사랑으로 그 말씀을 받아들여**(히 4:2) 마음속에 간직하고, 우리의 삶에서 실천해야 합니다.

웨스트민스터 대요리문답

160문: 설교 된 말씀을 듣는 사람들에게는 무엇이 요구됩니까?

답: 설교 된 말씀을 듣는 사람들에게 요구되는 것은 부지런함과 준비와 기도로 참여하며, 그 들은 바를 성경으로 살펴보며, **믿음과**(히 4:2) **사랑과 온유와**(약 1:21) **준비된 마음으로 진리를 받되, 하나님의 말씀으로**(살전 2:13) **받아들이며**, 그것을 묵상하고, 참고하며, 마음속에 간직하고, 삶 속에서 그 열매를 맺는 것입니다.

● 설교 듣기에 도움되는 몇 가지 팁

설교를 들을 때는 설교자의 입술에서 전달되는 말을 듣는 것도 중요하지만, 다음의 몇 가지 방식을 사용하는 것도 도움이 된다.

제목을 자세히 보라

설교자가 설교를 준비하면서 고심하는 부분은 여러 가지다. 청중이 전혀 생각지 못한 부분까지 고민하고 결정한다. 대표적인 것이 설교 제목이다. 뜻밖에도 청중 중 다수가 설교 제목에 무관심하다.

주보에 실린 설교 제목을 자세히 보라. 설교의 핵심을 이해하는 데 도움이 된다. 설교자는 제목을 정할 때 신중하다. 짧은 제목 속에 설교의 주제를 담기 위해 노력한다. 몇 단어 안 되는 제목을 정하기 위해 많은 시간을 보내기도 한다. 내용은 조금 잊어도 제목만 기억한다면 설교를 반쯤은 들은 것과 같다.

제목뿐 아니라 설교 후에 부르는 찬송가 가사도 집중해서 보라. 설교자는 설교 후 부르는 찬송이 가급적 설교와 연관되기를 바라며 신중하게 곡을 선택한다.

주제를 요약해 보라

설교를 들으면서 주제를 요약해 보자. 자녀에게 "오늘 학교에서 무얼 배웠니?" "오늘 교회에서 어떤 말씀을 들었니?"라고 묻듯, 스스로 설교의 주제를 요약해 보는 것이 좋다.

대부분의 설교자들은 설교를 준비하면서 주제를 정한다. 그리고 그 주제를 설교 원고 곳곳에 담는다. 서론에서 언급하기도 하고, 본론 속에 집어넣기도 하며, 결론에서 다시 한 번 강조하기도 한다. 그러므로 설교 주제를 파악하기란 그리 어렵지 않다. 사람이 아무리 기억력이 좋아도 내용 전체를 기억하기가 힘든데, 요약한 주제를 기록해 두면 나중에 설교 내용을 복기하기에 좋다.

적으면서 들어 보라

사람마다 취향이 다르지만 적으면서 설교를 듣는 것도 좋다. 설교의 흐름을 파악할 수 있고, 이후에도 중요한 내용을 되새길 수 있다. 무엇보다도 졸음을 막을 수 있다. 전통적으로 예배당 회중석에는 설교를 적을 수 있는 책상 같은 선반이 있다. 오늘날 긴 의자 뒤에 달려 있는 공간 말이다. 그곳은 단순히 성경을 올려놓는 곳이 아니라 기록을 위한 공간이다.

설교를 적으면서 듣는 게 좋지만 지나치게 세밀한 기록은 설교를 듣는 데 오히려 방해가 될 수도 있다. 간략하게 요점을 정리하는 정도가 좋다.[42] 기록한 내용을 보며 나중에 은혜를 누리기보다는 설교를 듣는 그 자리에서 은혜를 받고자 해야 한다.

결론을 놓치지 말라

다른 건 몰라도 결론은 놓치지 말자. 30분 남짓되는 설교의 시작부터 끝까지 내내 집중하는 게 제일 좋지만, 때로는 집중력이 흐트러져 중간중간 흐름을 놓칠 수 있다. 그럴 때에는 적어도 설교자가 "이제 말씀을 맺겠습니다"라고 말할 때부터라도 귀를 기울여야 한다.

대부분의 설교자가 결론에서 핵심을 전하기 때문이다. "이제 말씀을 맺겠습니다"라는 말에는 '이제 곧 끝나니 조금만 참으십시오'라는 뜻도 있지만, '지금까지 졸거나 딴 생각하신 분은 이제라도 잘 들으십시오. 이제 핵심을 요약하겠습니다'라는 뜻도 있다. 실제로 많은 설교자들이 설교 마지막 1-2분을 가장 중요하게 생각한다.

---

42. 제이 아담스, 『설교는 이렇게 들어야 합니다』, 119, 141.

아는 내용이라도 집중하라

설교자가 선택한 본문이 내가 이미 아는 내용이라도 무시해서는 안 된다. 예를 들어, 요한복음 3장 16절이나 시편 1편이나 23편 등은 신앙생활을 제법 한 사람들에게는 매우 익숙한 본문이다. 그러다 보니 자칫 흥미를 잃고 집중하지 않게 된다. 뻔한 내용이겠거니 지레 짐작해 버린다. 그러나 아무리 익숙한 본문이라도 설교에 귀 기울여야 하는 이유가 있다.

첫째, 성경 말씀은 풍요롭기 때문이다. 본문에 한 가지 의미만 있는 경우도 있지만 다양한 의미도 있을 수 있다. 막상 들어 보면 전혀 새로운 내용이 펼쳐질 수 있다.

둘째, 우리는 늘 잊어버리기 때문이다. 다 아는 내용이라고 생각하지만 실제로는 그렇지 못하다. 어디선가 들어본 것 같지만 제대로 알지 못하거나, 알면서도 실천하지 않는 경우가 있다.

셋째, 설교를 듣는 자리에는 나만 있는 게 아니라 다른 사람들도 있기 때문이다. 설교자는 설교할 때 한 사람이 아니라 청중 전체를 고려한다. 설령 내가 잘 아는 본문이더라도 다른 성도를 배려하는 마음으로 설교에 귀 기울일 필요가 있다.

교회에는 50년 이상 신앙생활을 한 사람이 있는가 하면, 오늘 처음 교회에 온 사람도 있다. 설교자가 거듭남을 촉구하는 설교를 할 때, '나는 이미 거듭났는데, 왜 저런 말씀을 자꾸 하나'라고 생각해서는 안 된다. 나에게 별 유익이 없을 것 같은 설교 한 편이 누군가에게는 생명을 살리는 설교가 될 수 있다.

그리고 무익한 설교란 없다. 모든 설교는 나와 모든 청중에게 유익이 된다. 이미 아는 본문이라도 복음의 기초를 다시 점검하는 기회로 삼아야 한다. 설교의 황태자라는 별명을 가진 영국의 설교자 찰스 스펄전은 요한복음 3장 16절을 본문으로 매년 한 번씩 설교를 했다. 너무나 중요하고 복음 전도에 꼭 필요한 본문이라고 생각했기 때문이다.

주일 아침, 주보에 나온 설교 제목이 '예수님은 하나님의 아들이십니다'라고 해서, '다 아는 내용이군. 오늘은 별로 들을 게 없겠네'라고 생각한다면, 그날 설교 시간에 실제로 아무것도 얻을 수 없다. 예수님이 하나님의 아들이라는 사실은 우리가 늘 들어야 할 복음이다. 우리는 설교를 통해 새로운 내용을 듣기도 하지만, 때로 이미 잘 알고 있는 내용도 듣는다.

● 이런 경우에 불평하지 않기

설교자가 생각하는 설교와 청중이 생각하는 설교가 항상 일치한다면 좋겠지만 그렇지 않은 경우가 많다. 설교가 무엇인지에 대한 이해가 설교에 대한 기대를 결정한다. 설교에 대한 이해가 다를 때, 설교에 불만을 갖기가 쉽다. 항상 그런 것은 아니지만, 청중이 생각하는 설교가 잘못된 경우가 많다. 설교자는 설교가 무엇인지를 전문적으로 연구하고, 설교에 대한 생각을 오랜 시간 하지만 청중은 그렇지 않기에 그런 일이 생긴다. 그러므로 혹여 설교가 자신이 생각하는 바와 다르다고 해서 쉽게 판단하거나 섣불리 불평하는 일을 자제해야 한다.

적용이 없다고 불평하지 말라

설교자가 설교하면서 본문 해석만 할 뿐 삶에 구체적으로 적용하는 방법을 가르쳐 주지 않는다고 불평하는 청중을 많이 만난다. 각 절과 단어의 의미, 본문이 말하려는 바를 듣지만, 그것을 삶에 어떻게 적용해야 할지 모르겠다는 것이다.

그런데 모든 설교가 '삶의 적용'을 목표로 하는 것은 아니다. 설교는 기본적으로 계시적이다. 하나님이 누구신지, 예수 그리스도가 누구신지를 전하는 것이 설교다. 설교는 때로 단순한 지식 전달이 될 수 있다. 이때의 지식이란 삼위일체 하나님에 관한 지식이요 구원에 이르는 지식이다.

하나님이 누구신지에 관한 설교를 들었다면, 그 하나님을 알고 믿는 것이 적용이다. 삶의 구체적인 정황 속에서 어떤 일을 해야만 하는 것은 아니다. 예수 그리스도의 십자가 사역에 관한 설교를 들었다면, 그 사역을 통해 베풀어 주시는 구원의 은혜를 깨닫고 주님께로 돌아서면 된다. 중생과 회심이 목표인 설교는 청중으로 하여금 자신이 죄인임을 깨닫고, 그 죄를 해결해 주실 수 있는 예수 그리스도께로 향하게 하는 것이 적용이다. 구체적인 삶의 적용이 필요한 것은 아니다.

또한 청중의 삶이 매우 다양해 구체적인 적용 자체가 어려울 수 있다. 100명의 청중이 있다면 100개의 삶이 있다. 100명 개개인의 삶도 하루하루가 다르다. 사람마다 삶의 무게가 다르고 종류는 무한대다. 모든 사람에게 적합한 구체적인 적용을 하려는 시도는 오히려 혼란을 줄 수 있다.

설교자 앞에는 다양한 사람들이 앉아 있다. 남자와 여자가 있고, 어린이와 노인이 있다. 고학력의 지식인과 배우지 못한 평범한 사람이 있고, 지적 활동이 주업인 사람이 있는가 하면 육체 노동이 주업인 사람이 있다. 설교자는 이들을 구별해서 설교하지 않는다. 설교는 언제나 다양한 개인들로 구성된 전체 공동체를 대상으로 한다. 그렇기에 설교자는 모두에게 유익을 주기 위해 여러 대상을 고려한다. 이미 거듭난 사람에게 설교를 해야 할 때도 있지만, 아직 거듭나지 않은 사람에게 설교를 해야 할 때도 있다. 때로는 경건한 사람에게 설교를 해야 하지만, 전혀 그렇지 못한 사람에게도 설교를 해야 한다. 때로는 성경 지식이 풍부한 사람에게 설교를 해야 하지만, 아담이 누군지도 모르는 사람에게도 설교를 해야 한다. 이 모든 대상이 한 자리에 앉아 있다.

구체적인 적용은 어쩌면 청중이 감당해야 할 과제다. 설교를 들었다면 그 말씀을 어떻게 적용할지를 일주일 내내 고민하고 치열하게 살아 내야 한다. 다시 말하지만, 설교는 설교자만의 일이 아니라 청중의 일이기도 하며 설교자와 청중의 상호작용이다.

신앙의 연수가 오래되었을수록 더욱 스스로 적용 거리를 찾기 위해 애써야 한다. 설교자가 밥을 떠먹여 주기를 바라기보다는 설령 설익은 밥일지라도 자기 것으로 잘 소화시켜 풍성한 적용으로 이끌어야 한다. 들은 말씀의 원리를 구체적으로 적용하여 살아 내야 한다.

우리는 성경에서 삶의 적용과는 무관한 대표적인 명설교 한 편을 읽을 수 있다. 오순절 성령 강림 사건 당시 베드로와 열한 사도의 설교다.

[14] 베드로가 열한 사도와 함께 일어나서, 목소리를 높여서, 그들에게 엄숙하게 말하였다. "유대 사람들과 모든 예루살렘 주민 여러분, 이것을 아시기 바랍니다. 내 말에 귀를 기울이십시오. [15] 지금은 아침 아홉 시입니다. 그러니 이 사람들은, 여러분이 생각하듯이 술에 취한 것이 아닙니다. [16] 이 일은 하나님께서 예언자 요엘을 시켜서 말씀하신 대로 된 것입니다.

[17] '하나님께서 말씀하신다. 마지막 날에 나는 내 영을 모든 사람에게 부어 주겠다. 너희의 아들들과 너희의 딸들은 예언을 하고, 너희의 젊은이들은 환상을 보고, 너희의 늙은이들은 꿈을 꿀 것이다. [18] 그날에 나는 내 영을 내 남종들과 내 여종들에게도 부어 주겠으

니, 그들도 예언을 할 것이다. ¹⁹ 또 나는 위로 하늘에 놀라운 일을 나타내고, 아래로 땅에 징조를 나타낼 것이니, 곧 피와 불과 자욱한 연기이다. ²⁰ 주님의 크고 영화로운 날이 오기 전에, 해는 변해서 어두움이 되고, 달은 변해서 피가 될 것이다. ²¹ 그러나 주님의 이름을 부르는 사람은 구원을 얻을 것이다.'

²² 이스라엘 동포 여러분, 이 말을 들으십시오. 여러분이 아시는 바와 같이, 나사렛 예수는 하나님께서 기적과 놀라운 일과 표징으로 여러분에게 증명해 보이신 분입니다. 하나님께서는 그를 통하여 여러분 가운데서 이 모든 일을 행하셨습니다. ²³ 이 예수께서 버림을 받으신 것은 하나님이 정하신 계획을 따라 미리 알고 계신 대로 된 일이지만, 여러분은 그를 무법자들의 손을 빌어서 십자가에 못 박아 죽였습니다. ²⁴ 그러나 하나님께서는 그를 죽음의 고통에서 풀어서 살리셨습니다. 그가 죽음의 세력에 사로잡혀 있는 것은 있을 수 없는 일이기 때문입니다.

²⁵ 다윗이 그를 가리켜 말하기를 '나는 늘 내 앞에 계신 주님을 보았다. 나를 흔들리지 않게 하시려고, 주님께서 내 오른쪽에 계시기 때문이다. ²⁶ 그러므로 내 마음은 기쁘고, 내 혀는 즐거워하였다. 내 육체도 소망 속에 살 것이다. ²⁷ 주님께서 내 영혼을 지옥에 버리지 않으시며, 주님의 거룩한 분을 썩지 않게 하실 것이다. ²⁸ 주님께서 나에게 생명의 길을 알려 주셨으니, 주님의 앞에서 나에게 기쁨을 가득 채워 주실 것이다' 하였습니다.

²⁹ 동포 여러분, 나는 조상 다윗에 대하여 자신 있게 말씀드릴 수 있습니다. 그는 죽어서 묻혔고, 그 무덤이 이날까지 우리 가운데에 남아 있습니다. ³⁰ 그는 예언자이므로, 그의 후손 가운데서 한 사람을 그의 왕좌에 앉히시겠다고 하나님이 맹세하신 것을 알고 있었습니다. ³¹ 그래서 그는 그리스도의 부활을 미리 내다보고 말하기를 '그리스도는 지옥에 버려지지 않았고, 그의 육체는 썩지 않았다' 하였습니다. ³² 이 예수를 하나님께서 살리셨습니다. 우리는 모두 이 일의 증인입니다. ³³ 하나님께서는 이 예수를 높이 올리셔서, 자기의 오른쪽에 앉히셨습니다. 그는 아버지로부터 약속하신 성령을 받아서 우리에게 부어 주셨습니다. 여러분은 지금 이 일을 보기도 하고 듣기도 하고 있는 것입니다.

³⁴⁻³⁵ 다윗은 하늘에 올라가지 못하였으나, 그는 이렇게 말하였습니다. '주님께서 내 주님께 말씀하시기를, 내가 네 원수를 네 발 아래에 굴복시키기까지, 너는 내 오른쪽에 앉아 있어라 하셨습니다.' ³⁶ 그러므로 이스라엘 온 집안은 확실히 알아 두십시오. 하나님께서는 여러분이 십자가에 못 박은 이 예수를 주님과 그리스도가 되게 하셨습니다."

³⁷ 사람들이 이 말을 듣고 마음이 찔려서 "형제들이여, 우리가 어떻게 하면 좋겠습니까?" 하고 베드로와 다른 사도들에게 말하였다. ³⁸ 베드로가 대답하였다. "회개하십시오. 그리고 여러분 각 사람은 예수 그리스도의 이름으로 세례를 받고, 죄 용서를 받으십시오. 그

리하면 성령을 선물로 받을 것입니다. ³⁹ 이 약속은 여러분과 여러분의 자녀와 또 멀리 떨어져 있는 모든 사람, 곧 우리 주 하나님께서 부르시는 모든 사람에게 주신 것입니다."

⁴⁰ 베드로는 이 밖에도 많은 말로 증언하고, 비뚤어진 세대에서 구원을 받으라고 그들에게 권하였다. ⁴¹ 그의 말을 받아들인 사람들은 세례를 받았다. 이렇게 해서, 그날에 신도의 수가 약 삼천 명이나 늘어났다(행 2:14-41, 새번역).

이 설교에는 적용이 없다. 구약에 나타난 복음을 자세히 풀어 설명한 것이 전부다. 적용은 청중의 몫이었다. 사람들이 이 설교를 듣고 마음에 찔려서 "우리가 어떻게 하면 좋겠습니까?"라고 묻자, 베드로는 "회개하십시오. 그리고 여러분 각 사람은 예수 그리스도의 이름으로 세례를 받고, 죄 용서를 받으십시오"라고 대답한다(38절). 설교자는 회개하라고 먼저 말하지 않았지만, 청중은 이 말씀이 곧 회개를 목표로 한 설교임을 알고 스스로 적용한 것이다.

많은 이들이 회중을 대표해서 기도할 때 이렇게 말한다. "오늘 우리 목사님이 설교할 때 하나님의 말씀만 전하게 하옵시고…." 그러나 정작 하나님의 말씀만 선포되는 설교를 들은 뒤의 반응은 이렇다. "우리 목사님은 설교 시간에 하나님 말씀만 이야기하고 다른 이야기는 없어. 나는 그게 제일 불만이야."

설교는 적용을 포함하지만, 때로는 선포 자체만으로도 의미를 가진다. 적용이 없다고 불평하지 말라. 선포되는 말씀이 언제 어떻게 나의 삶에서 적용될는지 모른다.

어느 한 부분을 강조하지 않았다고 불평하지 말라

개인의 성향이나 그날의 주제에 따라 다르지만, 설교자가 설교하면서 본문의 내용을 하나도 빠짐없이 설명하는 것은 아니다. 본문의 내용을 다 설명할 수 없는 경우가 많고, 설교자마다 본문을 통해 강조하고 싶은 부분이 있게 마련이다. 무엇보다 본문 자체가 특정 부분을 강조하는 경우가 있다.

예를 들어, 창세기 13장 7절을 보면 아브람 가축의 목자와 롯 가축의 목자가 서로 다투는 내용이 나온다. 그 내용은 해당 본문에서 전혀 중요한 내용이 아니다. 그저 이후에 나오는 사건의 배경이 될 뿐이다. 그런데 "어, 목사님이 이 장면을 다루면서 다툼이 죄라는 사실을 말씀하지 않네. 이런 다툼은 죄가 아니라고 생각하시나봐"라고 말하는 사람이 있다면, 그는 성경도 설교도 전혀 모르는, 아니 우리말 읽기조차 안 되는 경우다. 아주 중요한 내용이나 교리를 놓친 경우라면 모를까 그렇지 않다면 설교의 흐름상 생략한 것이니 불평하지 말라.[43]

---

43. 웨스트민스터 예배모범의 '말씀 선포에 관하여'를 보면 "본문에 있는 모든 교리를 항상 전할 필요는 없기 때문에 지혜롭게 사용하도록 잘 선택해야 하며"라는 언급이 나온다.

책망한다고 불평하지 말라

설교란 하나님의 말씀을 전하는 일이다. 하나님의 말씀은 그 성격상 때로는 우리의 마음을 찌른다. 설교도 마찬가지다. 그러므로 설교를 듣고 마음에 찔린다고 설교자에게 불평해서는 안 된다.

> 하나님의 말씀은 살아 있고 활력이 있어 좌우에 날선 어떤 검보다도 예리하여 **혼과 영과 및 관절과 골수를 찔러 쪼개기까지 하며 또 마음의 생각과 뜻을 판단하나니**(히 4:12).

> 모든 성경은 하나님의 감동으로 된 것으로 교훈과 **책망**과 바르게 함과 의로 교육하기에 유익하니(딤후 3:16).

> 그가 와서 죄에 대하여, 의에 대하여, 심판에 대하여 세상을 **책망**하시리라(요 16:8).

성경 말씀은 그 어떤 검보다 날카롭다. 우리의 영혼을 찌르고 쪼갠다. 우리의 생각은 물론 마음 깊은 곳까지 들여다본다. 이러한 능력의 말씀은 우리를 책망한다. 성경의 기록 목적은 우리를 책망하기 위함이다. 우리의 허물과 잘못을 꾸짖고 바로잡으려고 기록되었다.

예수님은 장차 오실 성령 하나님께서 하실 사역이 책망이라고 말씀하셨다. 죄, 의, 심판에 대해 세상을 책망하시는 분이 성령 하나님이시다. 그 성령님은 말씀의 저자이시기도 하다. 설교자는 성령 하나님의 도우심을 따라 성경 말씀을 전한다. 그렇기에 책망하기를 피할 수 없다. 책망이 즐거워서 하는 게 아니라 성경이 책망을 포함하고 있기에 할 뿐이다. 성경을 충실히 전하다 보면 책망할 수밖에 없다. 설교란 그 특성상 이미 잘하고 있는 일을 격려하고 칭찬하기보다는 죄와 허물을 지적하고 잘못을 바로잡는 것이 목적이기 때문이다.

설교자의 책망을 들은 청중이 해야 할 일은 불평이 아니라 마음에 찔려 돌이키는 것이다.

책망을 들은 사람들이 완전히 다른 반응을 보인 예를 성경에서 찾아볼 수 있다. 베드로의 설교를 들은 청중과 스데반의 설교를 들은 청중이다. 앞서 본 것처럼, 베드로의 설교를 들은 청중은 마음에 찔려서 "우리가 어떻게 하면 좋겠습니까?"라고 물으며 회개했다(행 2:37). 반면 스데반의 설교를 들은 청중은 마음에 찔리지만 다른 반응을 보인다. 오히려 그들은 스데반을 향해 이를 갈았고, 그를 죽이기까지 했다.

> **53** 너희는 천사가 전한 율법을 받고도 지키지 아니하였도다 하니라 **54 그들이 이 말을 듣고 마음에 찔려 그를 향하여 이를 갈거늘** … **57 그들이 큰 소리를 지르며 귀를 막고 일제히 그에게 달려들어 58 성 밖으로 내치고 돌로 칠새 증인들이 옷을 벗어 사울이라 하는 청년의 발 앞에 두니라 59 그들이 돌로 스데반을 치니 스데반이 부르**

짖어 이르되 주 예수여 내 영혼을 받으시옵소서 하고 ⁶⁰ 무릎을 꿇고 크게 불러 이르되 주여 이 죄를 그들에게 돌리지 마옵소서 **이 말을 하고 자니라**(행 7:53-54, 57-60).

이처럼 설교는 "아멘"으로 화답하게 하는가 하면, 때로는 불편함을 느끼게도 한다. 이럴 때 책망이 싫다고 불평한다면 설교가 의도한 목적과 정반대로 가게 된다. 책망을 들었다고 해서 불평하지 말라. 책망의 목적은 불평이 아니라 변화다. 자신의 모습을 다시 돌아보고 스스로를 바꾸려고 노력해야 한다. 설교자의 책망은 설교자를 바라보라는 것이 아니라 청중 자신을 바라보라고 하는 것이다.

그럼에도 불구하고 사람들은 책망받기를 싫어한다. 오늘날 회중석에는 책망보다는 위로를 받고 싶어 하는 사람들로 가득하다.

> ³ 때가 이르리니 사람이 바른 교훈을 받지 아니하며 귀가 가려워서 자기의 사욕을 따를 스승을 많이 두고 ⁴ 또 그 귀를 진리에서 돌이켜 허탄한 이야기를 따르리라(딤후 4:3-4).

사도 바울의 말처럼 바른 교훈을 들으려 하지 않고, 도리어 자기 귀를 긁어 줄 설교자를 찾는 것이다. 그러나 성경은 "교훈과 **책망**과 바르게 함과 의로 교육하기에 유익"하고, 설교는 우리의 변화를 목적으로 한다. 사도 바울은 설교자 디도에게 "네가 그들을 엄히 꾸짖으라 이는 그들로 하여금 믿음을 온전하게 하고"(딛 1:13)라고 권면한다. 책망이 없으면 믿음이 온전케 되는 일도 없다.

한편, 설교를 듣다 보면 이런 오해를 할 수 있다. "어? 이거 지금 나 들으라고 일부러 하는 설교 같은데?" 하지만 그건 말 그대로 오해일 가능성이 높다. 상식적인 설교자는 강단에서 어느 한 사람이나 몇 사람을 겨냥해 설교하지 않는다. 이른바 '치는 설교'를 하지 않는다. 마침 본문이 말하려는 바가 자기와 관련되어 그런 생각이 들 뿐이다. 설교자가 모든 청중의 생각과 삶을 이해하고 설교할 수는 없다.[44]

몇 주 전에 김 집사와 심하게 다투었는데, 마침 오늘 설교 제목이 '서로 사랑하라'다. 다툰 일이 목사님 귀에까지 들어갔나 싶어 기분이 찜찜하다. "주님은 원수도 사랑하라고 말씀하셨습니다. 하물며 한 교회를 섬기는 성도끼리 얼마나 더 사랑해야겠습니까? 설령 내 마음에 들지 않는 점이 있더라도…" 하며 이어지는 설교를 도무지 듣고 있기가 힘들다. '완전히 나를 겨냥한 설교로군. 뭐 나만 잘못했나? 누가 먼저 시비를 걸었는데' 하는 생각이 절로 들지는 않는가?

사실 설교자는 당신이 김 집사와 다툰 사실을 모른다. 다만 말씀에 기록된 대로 전했고, 그날 말씀이 마침 당신을 위한 말씀이었을 뿐이다. "오늘 설교는 나를 염두에 둔 것 같아요"라고 불평하는 사람

---

44. 최성수, 『어떻게 하면 설교를 바르게 들을 수 있을까』, 157-158.

에게 이렇게 되물을 수 있다.

"매주일의 설교가 당신을 향한 설교가 아니라면, 하나님은 과연 누구에게 말씀하셔야 합니까?"

"당신이 들어야 할 말씀이 아닌 다른 누군가가 들어야 할 말씀을 들으러 오셨습니까?"

겸손한 청중은 오히려 모든 말씀이 자기를 향한 것이라는 사실을 늘 기억해야 한다. 때로는 듣는 사람을 불편하게 하고, 때로는 감동하게 하지만, 모든 설교는 설교를 듣고 있는 나를 위한 설교다. 그것이 설령 책망이라 할지라도.

나와 상관없다고 불평하지 말라

예배당에 도착해 주보를 펴든다. 주보에 실린 설교 제목을 보니 '부부의 도리'다. 본문은 에베소서 5장 22-32절이다. 성경을 찾아보니 "남편들아 아내 사랑하기를…"(25절)이라는 구절이 나온다. '나는 아직 결혼도 안 했는데 부부의 도리는 무슨…. 사랑할 아내가 없으니 오늘 설교는 안 들어도 되겠다'는 생각부터 드는가?

그렇지 않다. 설교자가 성경을 설교하는 것이라면 나와 상관없는 설교란 없다. 어떤 식으로든 나와 관련이 있게 마련이다. 결혼에 관한 설교가 독신인 청중에게 아무 관련이 없는 것처럼 보여도, 그 설교를 듣고 결혼에 대한 소망을 가질 수 있고, 결혼해서 살고 있는 이웃에게 조언을 할 수 있다는 점에서 결혼에 관한 설교는 독신자와 무관

하지 않다.[45]

마찬가지로 설교 제목이 '장로의 책무'이고, 본문이 "너희 중 장로들에게 권하노니…"로 시작되는 베드로전서 5장 1-3절이라고 해서, '나는 장로가 아니니까 안 들어도 되겠네'라고 생각해서는 안 된다. 현재 장로가 아니라도 앞으로 장로가 될 수도 있고, 혹 되지 않더라도 장로가 어떠한 일을 하는 직분인지를 알아야 장로의 직분을 도울 수 있다.

모든 설교는 나를 위한 설교다. '이 설교는 뒷자리에 앉은 김 집사가 잘 들어야 할 텐데', '지금 설교는 지난 주에 결석한 최 집사를 향한 설교구나' 하는 마음으로 설교를 들어서는 안 된다. 나와 직접 관련없는 설교라고 해서 불평하지 말라. 모든 설교는 나와 우리를 위한 것이다. 나의 과거, 나의 현재, 나의 미래 모두를 위한 설교다.

반복되는 설교라고 불평하지 말라

어떤 목사님이 '서로 사랑하라'는 주제로 설교를 했다. 그런데 다음 주에도 똑같은 설교를 한다. 처음에 성도들은 의아해했지만 '무슨 이유가 있겠지'라고 생각했다. 하지만 몇 주가 지나도 똑같은 설교는 계속되었다. 마침내 성도들이 목사님을 찾아가 따지듯 물었다. "왜 똑같

---

45. 제이 아담스, 『설교는 이렇게 들어야 합니다』, 73.

은 설교를 반복하십니까? 너무 성의가 없으시네요." 이에 목사님은 대답했다. "아무리 설교해도 여러분이 지키지 않으니 지킬 때까지 반복할 수밖에요."

실제로 있었던 일인지 모르지만, 설교자는 어지간해서는 이렇게 하지는 않는다. 그럼에도 설교를 반복할 때가 있다. 이미 전한 내용을 다시 전한다. 1년 전, 10년 전에 했던 설교를 다시 하기도 한다. 설교 준비를 못해서가 아니라 설교자의 입장에서 반복해야 할 주제가 있기 때문이다. 메시지를 다시 들려줄 필요가 있기 때문이다. 부모가 자녀에게 같은 말을 반복한다고 해서 잘못이라고 할 수 없다. 중요한 말이기에 자꾸 하는 것이고, 말해도 듣지 않으니 반복하는 것이다. 설교자도 그럴 수 있고, 때로 그래야만 한다.

설교가 길다고 불평하지 말라

"가장 좋은 설교는 가장 짧은 설교다." 요즈음 많은 설교자와 청중이 종종 하는 말이다. 그러나 설교가 짧다고 좋아할 일만은 아니다. 짧은 설교로는 복음의 진지함과 논리적 설득을 담기가 어렵기 때문이다. 복음이란 때로는 짧고 강렬하게 전해야 하지만, 때로는 하나님의 말씀을 풍성하게 전달할 필요가 있다. 하나님의 사랑, 십자가의 은혜, 부활의 기쁨과 소망, 교회의 영광, 임박한 종말을 주제로 설교를 하자면, 풍성한 내용과 논리적인 설득을 담아 길고 진중하게 전하는 일이 불가피하다. 그러니 설교가 길다고 불평할 일만은 아니다.

일주일은 168시간이다. 주일 오전 설교가 35분, 주일 오후 설교가 25분 정도라고 볼 때, 168시간 중 하나님의 말씀을 듣는 시간은 고작 한 시간 남짓이다. 1년을 들어도 52시간에 불과하다. 1년 중 3일도 되지 않는 짧은 시간이다. 설교는 길지 않다. 우리의 삶이 길다. 긴 인생 중 짧은 설교를 듣는다. 그 짧은 설교가 우리의 긴 인생을 좌지우지한다. 그러니 좀 더 길어도 좋다.

4장

더 좋은 설교를 들으려면.

설교, 어떻게 들을 것인가? 지금까지 제시한 방법들을 잘 활용한다면, 충분히 설교를 잘 들을 수 있다. 더 나아가 다음의 방법을 사용해 보자. 더 좋은 설교 듣기가 될 것이다.

● **설교자와 인격적인 교제를 유지하라**

평소 설교자와 인격적인 교제 나누기를 주저하지 말라. 하나님은 사람인 설교자를 통해 우리에게 말씀하신다. 사람은 인격적인 존재다. 설교는 말로 전달되는데, 말에는 말하는 자의 인격과 성품이 고스란히 담겨 있다. 그러므로 설교자와의 인격적인 교제는 설교를 이해하는 데 도움이 된다.

오늘날 상당수의 교인들이 설교자와 아무런 교제를 나누지 않는다. TV를 통해서만 만나는 연예인을 대하듯 설교자와 거리를 둔다. 예배를 마치고 집으로 돌아갈 때 악수 한 번 하는 것이 설교자와의 유일한 교제인 경우가 태반이다. 설교자가 몇 살인지, 어디 출신인지, 평소에 어떻게 사는지 무관심하다. 심지어 주일마다 자신이 듣는 설교를 하는 설교자의 이름을 모르는 사람도 있다.

설교는 일방적인 행위가 아니다. 설교자와 청중 간의 정서적 교감이 담보되어야 한다. 그러자면 평소에 설교자와 청중 간의 인격적인 교제가 이루어져야 한다.

교회에는 설교자에게 주택을 제공해 주는 전통이 있다. 설교자 개인이 돈을 모아 집을 마련하는 게 아니라 교회가 교회 재정으로 교회당 가까이에 설교자를 위한 주택을 마련한다. 이 전통은 오늘날에도 계속되고 있다. 교회는 설교자를 청빙할 때 주택 제공을 약속한다.[46]

---

46. 미국장로교회는 1766년에 열린 대회에서 모든 목사는 대지와 편리한 집과 필요한 물품을 제공받아야 한다고 결정했다. 이후 1782년, 1783년, 1799년, 1843년, 1872년 총회와 이후의 여러 총회에서 동일한 결정을 확인했다. 특히 1864년 총회는 장로교 목사들과 가족들을 위해 사택을 제공하는 것은 중요한 의무인 동시에 더 이상 지체할 수 없는 사안이라고 명시했다. J. A. 하지, 『교회정치문답조례』, 배광식, 정준모, 정홍주 옮김(대한예수교장로회총회, 2011), 제18장 제792-793문답. 이러한 전통에 따라 오늘날 많은 교회들이 설교자에게 주택을 제공한다. 목사를 청빙할 때 "주택과 생활비를 드리기로 서약하며"라는 문구가 포함되어 있다. 대한예수교장로회(고신) 헌법(2011년판) 교회정치 제54조 (목사청빙서); 대한예수교장로회(합신) 헌법(2010년판) 교회정치 제6장 제3조 (청빙서식); 대한예수교장로회(합동) 헌법(2006년판) Ⅳ. 정치 제15장 제4조 (청빙서식); 대한예수교장로회(통합) 헌법(2006년판) 부록 (청빙서).

주택을 제공하는 이유는 여러 가지인데, 그중 하나가 설교자는 청중과 함께 거주하며 사역하는 자(resident ministry)라는 개념 때문이다.47 설교자는 청중과 동떨어진 존재가 아니다. 설교자는 청중의 일부이고, 청중과 늘 교제하는 관계다. 그러므로 설교자에게 주택을 제공한다는 것은, "설교자 당신은 우리와 함께 살면서 교제하며 우리를 위해 설교해 주십시오. 당신의 주택은 우리가 책임지겠습니다"라는 부탁의 뜻이다.

장로교회의 예배에 관한 가르침을 정리해 놓은 웨스트민스터 예배모범(The Directory for the Publick Worship of God, 1645년)은 '말씀 선포에 관하여' 부분에서 설교자가 청중과 인격적인 교제를 나누어야 한다는 사실을 언급한다.

> … 그리고 본문에 있는 모든 교리를 항상 전할 필요는 없기 때문에 지혜롭게 사용하도록 잘 선택해야 하며, **자신의 양무리들과 생활하면서 이야기를 나누는 가운데, 가장 필요하고 적절한 것이 무엇이며, 그중에서 그들의 영혼을 빛과 거룩함과 위로의 원천이신 그리스도께로 가장 잘 이끌 수 있는 것을 발견해야 한다.** …

---

47. 싱클레어 B. 퍼거슨, "청교도들에게 무엇을 배울 수 있는가?", 〈진리의 깃발〉, 통권 95호 (한국개혁주의설교연구원, 2009), 13, 15.

설교자는 청중과 교제해야 한다. 청중도 설교자와 교제해야 한다. 설교자와 청중은 서로 자신의 생활을 나누면서 이야기해야 한다. 그러나 언제부터인가 설교자는 '가까이 하기엔 너무 먼 당신'이 되어 버렸다. 평생 교회를 다녀도 설교자와 한 번도 말을 나누지 못한 청중이 대다수다. 설교자와 마주치지 않으려고 계단을 돌아 내려가는 이도 있다.

그러나 설교자는 청중과 분리된 존재가 아니다. 설교자는 청중에게 다가가야 하고 청중 역시 설교자에게 다가가야 한다. 청중은 자신의 영적 형편을 설교자와 공유해야 하고, 설교자는 청중과 삶을 함께해야 한다. 청중은 설교자와의 대화를 통해 자신의 속내를 드러내고, 영혼의 상태를 점검받을 수 있어야 한다.

설교자와 인격적인 교제를 나누지 않는 상태에서 설교를 들으면 오해를 하기가 쉽다. 설교자는 본문의 내용을 그대로 전했을 뿐인데, 마치 자기를 공격하는 것처럼 여기는 것이다. 설교자와 일상적인 대화를 자주 나누라. 설교자와 삶을 나누라. 설교는 설교자와 청중의 인격적인 교감을 전제로 한다.

설교자가 청중과 주로 공적인 만남만 가질 수밖에 없는 것이 한국 교회의 안타까운 현실이다. 교인이 다른 교인의 집을 방문할 때와는 달리 설교자가 교인의 집을 방문할 때면 격식을 차리는 경향이 있다. 설교자의 방문은 목회자로서 행하는 공적인 방문으로 한정되기 쉽다. "목사님, 저희 집에 차 한 잔 하러 오세요"라고 말하지 못하고, "목사님, 저희 집에 심방 오세요"라고 말해야 하는 분위기가 바뀔 필요가 있다. 자연스레 만나서 식사도 나누고, 교회나 신앙과 관련된 주제가 아니더라도 대화를 나눌 수 있어야 한다.

● 설교자를 존경하라

설교를 잘 듣기 위해서는 설교자에 대한 존경심이 있어야 한다. 설교를 듣는다는 것은 일종의 가르침을 받는다는 것인데, 존경심이 없다면 가르침을 받기가 어렵다. 그러므로 설교자를 존경하는 마음으로 말씀을 들어야 한다.

> 잘 다스리는 장로들은 배나 **존경할 자로 알되** 말씀과 가르침에 수고하는 이들에게는 **더욱 그리할 것이니라**(딤전 5:17).

바울은 다스리는 장로, 즉 치리장로를 존경하라고 말하면서 말씀과 가르침에 수고하는 장로, 즉 목사에게 더욱 그리하라고 명한다. 그 이유는 그들이 말씀과 가르침에 수고하기 때문이다. 말씀과 가르침이란 다름 아닌 설교다. 설교자를 존경해야 하는 이유는 그가 설교를 하기 때문이다. 설교자를 존경하라는 것은 그의 됨됨이를 존경하라는 의미보다는 그가 직분상 가지고 있는 권위를 존경하라는 뜻이다.

너희를 인도하는 자들에게 **순종하고 복종하라** 그들은 너희 영혼을 위하여 경성하기를 자신들이 청산할 자인 것같이 하느니라 그들로 하여금 즐거움으로 이것을 하게 하고 근심으로 하게 하지 말라 그렇지 않으면 너희에게 유익이 없느니라(히 13:17).

히브리서 기자는 인도하는 자들에게 순종하고 복종하라고 명한다. 그 이유는 그들이 영혼을 위해 경성(警醒)하는 자들이기 때문이다.[48] 설교자야말로 영혼을 인도하는 자들이다. 설교자에게 순종하고 복종하는 건 성경의 명령이다. 제5계명은 육체의 부모뿐 아니라 영적 가르침을 제공하는 설교자에게도 적용할 수 있다.[49]

칼뱅이 초안한 프랑스 신앙고백서(*Confessio Gallicana*, 1559년) 제25조는 디모데전서 5장 17절에 근거해 이렇게 말한다. "… 목사 없이는 교회가 존재할 수 없으며, 그가 정식으로 초청되고 그 직책을 충실하게 수행할 때 우리가 그를 **존경하며 순종해야 한다**고 믿는다."

프랑스 신앙고백서의 영향을 받아 귀도 드 브레가 작성한 개혁교회의 신앙고백서인 벨기에 신앙고백서 제31조는 "우리 모두는 말씀 사역자와 교회 장로를 그들의 사역으로 인해 특별히 **존경해야 하며,**

---

48. 경성하다: (어떤 사람이 다른 사람을) 미혹에서 깨어나 정신을 차리도록 타일러 깨우치다.
49. 손재익, 『십계명, 언약의 10가지 말씀』, 223-227.

가능한 한 불평이나 다툼 없이 그들과 화평하게 지내야 한다고 선언합니다"라고 고백한다.

하나님께서 세우신 설교자의 설교를 존경하는 마음으로 들어야 한다. 설교자는 하나님의 부르심을 받아 그 사역을 감당하는 자다. 설교자는 말씀을 전하기 위한 전문적인 훈련을 수고로이 마친 자다. 설교자는 매일매일을 말씀과 부단히 씨름하는 자다. 설교자는 자신의 삶 전체를 헌신해 그 사역에 수고하는 자다. 그러므로 그가 맡은 사역을 바라보며 그를 존경해야 한다. 설교자가 자신보다 어리다고 무시해도 안 되고, 학식이 부족하다고 깔보아서도 안 된다.

누구든지 **네 연소함을 업신여기지 못하게 하고** 오직 말과 행실과 사랑과 믿음과 정절에 있어서 믿는 자에게 본이 되어(딤전 4:12).

이 말씀은 설교자에게 하는 당부인 동시에 모든 청중에게 하는 부탁이기도 하다.

―

가르침을 받는 자는 말씀을 가르치는 자와
모든 좋은 것을 함께하라.

갈라디아서 6:6

● 설교자와 화목하라

설교자가 싫어질 때가 있다. 미워질 수도 있다. 설교자와 인격적인 교제를 나누지 않는다면 아예 이런 일이 생기지 않겠지만, 그 또한 바람직하지 않다. 사실 설교자와 친밀할수록 갈등은 생길 수 있다. 설교자와 자주 대화하는 직분자의 경우, 설교자의 단점을 목격할 일이 많기에 더욱 그러하다.

사람과 사람 사이의 관계가 어떻게 마냥 좋을 수 있겠는가? 설교자라고 예외가 아니다. 대형 교회에 다녀서 설교자와 얼굴 마주칠 일이 별로 없고, 설교자가 내 이름도 알지 못하는 경우는 예외겠지만, 대부분의 교회에서 설교자와 청중은 설교 시간이 아닌 때에도 교제를 갖는다. 이때 서로 의견 차이를 보일 수 있고, 설교자에 대한 불만이 생길 수 있다. 때로는 불화가 오래 지속되어 껄끄러운 관계가 될 수도 있다. 한 교회에서 오랫동안 함께하다 보면 허물과 실수를 볼 일이 많다.

그럴 때에라도 설교를 사람의 말로 듣지 말고 하나님의 말씀으로 들어야 한다. 그리고 가능한 빠른 시일 내에 화해해야 한다.

> [23] 그러므로 예물을 제단에 드리려다가 거기서 네 형제에게 원망 들을 만한 일이 있는 것이 생각나거든 [24] 예물을 제단 앞에 두고 먼저 가서 형제와 화목하고 그 후에 와서 예물을 드리라(마 5:23-24).

이 말씀을 설교자에게도 적용해야 한다. 설교자도 내 형제이고, 함께 교회에 속한 자며, 함께 그리스도 안에 있는 자다. 그러므로 화목해야 한다. 설교자와 불화한 일이 있다면, 먼저 그와 화목한 다음에 예배를 드려야 한다. 불화한 뒤에 화목하는 것도 중요하지만, 불화하지 않도록 노력하는 것도 중요하다.

선배 목사의 위임식에 참석했다가 교인을 향한 권면을 맡은 한 목사님이 앞에 나와 이렇게 말하는 것을 들었다.

> 제가 10년 조금 넘게 목회하면서 가장 좋았을 때와 가장 힘들었을 때의 이야기를 하는 것으로 권면을 대신하겠습니다. 가장 좋았을 때는 저의 목회관을 이해하고 잘 따라 주는 교인을 만났을 때이고, 가장 힘들었을 때는 도대체 무슨 일이 있었는지 한 교인이 제게 마음이 상해 그냥 교회에 안 나올 때였습니다. 무슨 이유인지 이야기나 들려주면 좋을 텐데, 차라리 와서 따지면 좋을 텐데, 지레짐작만으로 제게 불만을 가지고 교회에 안 나오니 제가 너무 답답하고 속상해서 며칠 동안 잠을 잘 수 없었습니다. 여러분은 오늘 위임받는 목사님과 어떤 관계이기를 바라십니까? 선택은 여러분의 몫입니다.

이런 일들이 주변에서 종종 일어난다. 이렇게 하면 교인도 손해이고, 설교자도 손해다. 청중은 가능한 한 설교자와 좋은 관계를 유지하기 위해 힘써야 한다. 혹 오해가 있다면 직접 찾아가 자세한 내막을 들어 보는 것도 좋지 않을까?

● 설교자를 비교하지 말라

이 세상에는 수많은 설교자들이 있다. 과거에는 자기 교회 설교자 외에 다른 설교자의 설교를 좀처럼 듣기 힘들었지만, 오늘날에는 인터넷과 TV와 라디오를 통해 다른 설교자들을 접할 기회가 많다. 어떤 교회에는 설교자가 여러 명이다.

청중은 자기만의 설교 스타일을 골라서는 안 된다. 설교를 가려 가며 들어서는 안 된다. 설교자마다 인격이 다르고 스타일이 다르다. 그럼에도 하나님의 말씀을 전한다는 점에서는 같다.

'오늘은 부목사가 설교하네. 그냥 집에 가야지' 하는 생각은 바람직하지 않다. 목회 경력만 30년이 넘는 60대 초반의 목사와 이제 갓 목사 안수를 받은 30대 중반의 목사를 비교하는 건 어불성설이다. 설교 스타일이나 기술로 설교를 비교해서는 안 된다. 설교 가운데서 말씀하시는 하나님의 음성을 들으려고 해야 한다.

요즈음 오랫동안 사역해 온 설교자가 은퇴하고 새로운 설교자가 교회에 부임하는 경우가 많다. 한국 교회가 세대 교체를 하는 시점이기에 그렇다. 이 과정에서 많은 교회가 어려움을 겪는다. 여러 가지 이유가 있지만, 그중 하나는 청중이 오랫동안 목회해 오던 목사와 새로 부임한 목사를 비교하기 때문이다.

　70세의 목사와 40대 초중반의 목사를 같은 선에 놓고 비교하는 것은 바람직하지 않다. 그들은 지식도 경험도 비교할 수 없을 정도로 다르다. 굳이 비교하려면 은퇴를 앞둔 목사가 40대 시절에 어떠했는가를 가지고 비교해야 한다. 그 시절을 기억하기가 쉽지 않겠지만 말이다.

　역사상 유명했던 설교자와 내가 속한 교회의 설교자를 비교해서도 안 된다. 마르틴 루터, 장 칼뱅, 로버트 맥체인, 조지 휫필드, 조나단 에드워즈, 찰스 스펄전, 마틴 로이드 존스, 존 스토트 같은 설교자는 역사상 존재했던 설교자 중 극소수에 불과하다.

　하나님은 그런 위대한 설교자를 통해서도 역사하시지만 무명의 평범한 설교자를 통해서도 위대한 일을 이루신다. 당신이 매주 만나는 설교자도 하나님께서 세우신 설교자다. 하나님은 다양한 인격자를 설교자로 세우시고, 그들을 통해 복음을 전파하게 하신다. 설교자를 비교하지 말자.

5장

설교를 분별하라.

설교를 듣는 청중의 기본 자세는 겸손과 온유함이다. 믿음으로 들어야 한다. 하나님의 말씀이 내 귀에 들린다는 의식을 가지고 들어야 한다. 성령님의 도우심을 의지해 이해하며 들어야 한다. 설교를 통해 은혜를 누리고 유익을 얻고자 하는 마음으로 들어야 한다. 설교를 대하는 자세는 항상 두렵고 떨리는 마음이어야 한다.

그리고 여기서 멈추지 않고 한 걸음 더 나아가는 것이 성숙한 청중의 자세다. 바로 분별하면서 듣는 것이다. 분별은 청중의 가장 적극적인 활동이다.

● 설교를 분별한다는 것

더 칭찬받을 만한 베뢰아 사람들

> 베뢰아에 있는 사람들은 데살로니가에 있는 사람들보다 더 너그러워서 간절한 마음으로 말씀을 받고 이것이 그러한가 하여 날마다 성경을 상고하므로(행 17:11).

사도행전을 기록한 누가는 베뢰아 사람들을 가리켜 "데살로니가에 있는 사람들보다 더 너그러워서"라고 말한다. 개역개정이 "더 너그러워서"라고 번역한 말을 개역한글은 "더 신사적이어서"라고 번역했다. NIV와 KJV 영어성경은 "more noble"이라고 번역했는데, '더 칭찬받을 만한'이라는 뜻이다. 베뢰아 사람들은 데살로니가 사람들보다 더 칭찬받을 만한 사람들이었다.

그렇다면 베뢰아 사람들과 비교되는 데살로니가 사람들은 어떤 사람들이었을까?

> 이러므로 우리가 하나님께 끊임없이 감사함은 너희가 우리에게 들은 바 **하나님의 말씀을 받을 때에 사람의 말로 받지 아니하고 하나님의 말씀으로 받음이니** 진실로 그러하도다 이 말씀이 또한 너희 믿는 자 가운데에서 역사하느니라(살전 2:13).

데살로니가 교회 성도들은 설교를 들을 때, 그것을 사람의 말이 아니라 하나님의 말씀으로 생각했다. 그 결과 말씀이 데살로니가 교회와 성도에게 역사했다. 이 정도만 해도 충분히 칭찬받을 만하다. 데살로니가 사람들만큼 훌륭한 청중을 찾기도 쉽지 않다. 그럼에도 불구하고 누가는 베뢰아 사람들을 가리켜 "데살로니가에 있는 사람들보다 더 칭찬받을 만하여"라고 말한다. 베뢰아 사람들은 어떤 면에서 더 칭찬받을 만했을까?

베뢰아 사람들 역시 데살로니가 사람들처럼 설교를 들을 때, 사람의 말로 듣지 않고 하나님의 말씀으로 들으며 간절한 마음을 가졌다. 이 점은 베뢰아 사람들이나 데살로니가 사람들이나 다르지 않았다. 그런데 베뢰아 사람들은 거기서 더 나아가 "이것이 그러한가 하여 날마다 성경을 상고"했다. 그들은 지금 듣는 설교가 과연 성경에 기록된 말씀과 일치하는가를 살폈다. 설교를 그냥 듣는 게 아니라, 그것이 과연 하나님의 말씀에 합당한가를 생각하면서 들었다. 설교를 분별하며 들은 것이다.

더욱이 그들이 들은 설교는 다른 사람도 아닌 설교의 대가 사도 바울이 한 설교였다. 그럼에도 그들은 그 내용이 과연 그러한가를 하나님의 말씀에 비추어 보았다. 이렇게 설교를 분별하는 것은 칭찬받을 만한 일이요, 성숙한 성도의 자세다.

분별이 필요한 이유

설교를 들을 때 왜 분별하면서 들어야 할까? 설교자의 말이니 무조건 믿어야 하는 건 아닐까? 설교를 분별하는 건 교만한 행동이 아닐까? 설교를 분별하며 들어야 하는 이유는 크게 두 가지다.

첫째, 설교자가 타락할 수 있기 때문이다. 설교자의 가장 중요한 책무는 하나님의 말씀을 더하지도 빼지도 않고 바르게 전하는 것이다. 하나님의 말씀을 바르게 해석해 청중에게 분명히 전하는 것이다. 설교자는 하나님의 입이 되어 하나님의 백성들에게 하나님의 말씀을 전해야 할 막중한 책무가 있다. 사람은 연약하기에 언제나 타락에서 자유롭지 않다. 한때는 성경을 충실하게 증거하던 설교자도 갑자기 변할 수 있다. 그러므로 청중은 선한 의미에서 견제자가 되어야 한다. 선한 감독자가 되어 설교자가 하나님의 말씀을 바르게 전할 수 있도록 도와야 한다. 분별을 통해서.

둘째, 거짓 선지자 같은 설교자가 있기 때문이다. 정식 절차를 거쳤더라도 하나님의 신실한 설교자가 아닌 거짓 설교자가 강단에 설 수 있다. 구약시대만 보더라도 거짓 선지자들이 많았다(신 13:1-3, 18:22, 렘 5:31, 14:14, 23:25-26, 슥 13:2). 그래서 성경은 말한다.

> 거짓 선지자들을 삼가라 양의 옷을 입고 너희에게 나아오나 속에는 노략질하는 이리라(마 7:15).

거짓 선지자가 많이 일어나 많은 사람을 미혹하겠으며(마 24:11).

거짓 그리스도들과 거짓 선지자들이 일어나 큰 표적과 기사를 보여 할 수만 있으면 택하신 자들도 미혹하리라(마 24:24).

13 그런 사람들은 거짓 사도요 속이는 일꾼이니 자기를 그리스도의 사도로 가장하는 자들이니라 14 이것은 이상한 일이 아니니라 사탄도 자기를 광명의 천사로 가장하나니 15 그러므로 사탄의 일꾼들도 자기를 의의 일꾼으로 가장하는 것이 또한 대단한 일이 아니니라 그들의 마지막은 그 행위대로 되리라(고후 11:13-15).

그러나 백성 가운데 또한 거짓 선지자들이 일어났었나니 이와 같이 너희 중에도 거짓 선생들이 있으리라 그들은 멸망하게 할 이단을 가만히 끌어들여 자기들을 사신 주를 부인하고 임박한 멸망을 스스로 취하는 자들이라(벧후 2:1).

사랑하는 자들아 영을 다 믿지 말고 오직 영들이 하나님께 속하였나 분별하라 많은 거짓 선지자가 세상에 나왔음이라(요일 4:1).

예수님과 사도들이 활동하던 시대에도 거짓 선지자가 있었다. 하물며 오늘날은 더 말할 것도 없다. 지금도 설교자의 모습을 하고 있으나 실은 하나님의 말씀을 잘못 전하는 이들이 있다. 거짓 선지자뿐 아니라 말씀을 도구로 장사하는 사람들도 있다.

> 우리는 수많은 사람들처럼 하나님의 말씀을 **혼잡하게** 하지 아니하고 곧 순전함으로 하나님께 받은 것같이 하나님 앞에서와 그리스도 안에서 말하노라(고후 2:17).

바울 시대에 말씀을 전한다고 하면서 도리어 말씀을 혼잡하게 하는 수많은 사람들이 있었다. 한글성경에 "혼잡하게"라고 번역된 말은 헬라어로 카페레우오(καπηλεύω)인데, 영어성경(NIV, NASB)이 바르게 번역한 대로 '행상하다, 소매하다, 장사하다'라는 뜻의 'peddle'이다. 그래서 다른 번역 성경은 다음과 같이 풀어 쓰고 있다.

> 우리는 다른 많은 사람들처럼 **하느님의 말씀을 파는 잡상인들**이 아니라 하느님의 파견을 받고 하느님 앞에서 일하는 사람으로서 순수한 마음을 가지고 그리스도의 이름으로 말씀을 전하고 있습니다(고후 2:17, 공동번역).

> 우리는, 저 많은 사람들처럼 **하나님의 말씀을 팔아서 먹고 살아가는 장사꾼**이 아닙니다. 우리는, 하나님께서 보내신 일꾼답게, 진실한 마음으로 일하는 사람들입니다. 우리는 하나님이 보시는 앞에서,

그리스도 안에서 말하는 것입니다(고후 2:17, 새번역).

우리는 다른 많은 사람들과 같이 **하나님의 말씀을 장사꾼처럼** 팔지 않고 하나님이 보낸 사람들답게 하나님 앞과 그리스도 안에서 진실하게 증거하고 있습니다(고후 2:17, 현대인의성경).

우리는 많은 사람들과는 달리, **돈을 벌기 위해 하나님의 말씀을 팔고 다니는 사람들**이 아닙니다. 우리는 하나님의 보냄을 받은 사람답게 하나님 앞에서, 그리고 그리스도 안에서 진실하게 말합니다(고후 2:17, 쉬운성경).

바울 시대에 하나님의 말씀을 전하며 산다고 하면서도 사실상 말씀을 수단으로 밥벌이를 하는 자들이 있었다. 오늘날에도 이른바 삯꾼 설교자가 있다. 그들도 하나님의 말씀을 설교한다고 말한다. 설교자의 탈을 쓰고 있다. 하지만 삯꾼이요 거짓 선지자다. 이것을 분별해야 할 책임이 청중에게 있다.

적극적인 듣기로 나아가라
좀 더 적극적인 듣기는 분별하면서 듣는 것이다. 설교자의 설교를 맹목적으로 들어서는 안 된다. 기록된 성경의 가르침에 일치하는가를 살펴야 한다. 분별은 신자가 마땅히 행해야 할 바다(행 17:11, 빌 1:10, 요일 4:1). 말씀을 바르게 선포할 1차적 책임은 설교자에게 있지만, 이 일을 선하게 감독할 책임이 청중에게 있다.

오늘날 상당히 많은 교회당에 스크린이 도입되면서 성경 구절을 찾아보는 수고를 하지 않아도 되게 되었다. 스크린은 초신자를 위한 것인데, 기존의 신자들까지 그만 수동적인 청중으로 만드는 부작용을 낳았다. 성경을 찾아보거나 사고하지 않고 멍하니 스크린을 바라보면서 설교를 듣게 만든 것이다. 그러다 보니 청중은 "이것이 그러한가 하여 날마다 성경을 상고"(행 17:11)하는 힘을 잃고 말았다. 오늘날 교회의 지나친(?) 배려와 친절이 낳은 폐해다.

설교를 들을 때, 조금은 수고스럽더라도 성경책을 일일이 찾아보는 것이 좋다. 특정한 성경 구절을 스크린으로만 볼 경우, 본문의 앞뒤를 확인할 길이 없어 본문 이해의 가장 기본인 문맥 파악을 하지 못하게 되기 때문이다. 그만큼 말씀을 분별할 기회가 줄어든다고 보면 된다. 교회에 나온 지 얼마 안 된 이들을 위해 스크린을 두는 것 자체는 나쁘지 않지만, 나머지 청중은 스크린에 의존하기보다 성경책을 찾아 앞뒤를 살피는 것이 좋다.

설교를 들을 때 분별이 요구되며, 성경을 살펴봐야 한다는 사실은 웨스트민스터 신앙고백서 제21장 제5절과 웨스트민스터 대요리문답 제160문답에서도 잘 가르쳐 주고 있다.

웨스트민스터 신앙고백서

제21장 종교적 예배와 안식일에 관하여

5. 경건한 두려움으로 하는 성경 낭독, 건전한 설교, **분별력**과 믿음과 경외심을 **가지고** 하나님께 순종함으로 **말씀을** 양심적으로 **듣는 것**, 마음으로부터 은혜로 시편을 부르는 것, 또한 그리스도께서 제정하신 성례를 시행하고 합당하게 받는 것이 하나님께 드리는 통상적인 예배의 모든 요소다. 이 외에도 종교적 맹세, 서원, 엄숙한 금식, 특별한 경우에 드리는 감사가 있다. 이런 요소들은 적절한 시기와 때에 따라 거룩하고 종교적인 방식으로 행해져야 한다.

웨스트민스터 대요리문답

160문: 설교 된 말씀을 듣는 사람들에게는 무엇이 요구됩니까?

답: 설교 된 말씀을 듣는 사람들에게 요구되는 것은 부지런함과 준비와 기도로 참여하며, **그 들은 바를 성경으로 살펴보며**(행 17:11), 믿음과 사랑과 온유와 준비된 마음으로 진리를 받되, 하나님의 말씀으로 받아들이며, 그것을 묵상하고, 참고하며, 마음속에 간직하고, 삶속에서 그 열매를 맺는 것입니다.

웨스트민스터 대요리문답 제160문답은 앞서 살펴본 사도행전 17장 11절을 근거 구절로 삼고 있다.

비판자나 평가자가 되지 말라

설교를 분별하라는 말은 설교를 비판적으로 들으라는 의미가 아니다. 평가자의 입장에서 들으라는 것도 아니다. "어디 설교를 얼마나 잘하나 한번 볼까?" "조금이라도 틀리기만 해봐라" 하며 설교를 듣는다면 설교자에게도, 본인에게도, 교회 전체에도 아무런 유익이 되지 않는다.

분별하면서 듣는다는 것은 비판이나 평가를 하는 것이 아니라 선한 의미에서 감독하는 것을 뜻한다. 그러므로 분별하기 전에 반드시 '겸손과 온유'가 선행해야 하고, '믿음으로 말씀을 듣는 것'이 전제되어야 한다.

● 잘못된 설교를 분별하는 법

구약시대 중에서도 예레미야 때 거짓 선지자가 가장 많이 활동했다. 안타깝게도 그 시대의 청중은 말씀에 대한 분별력이 없었다.

> [13] 이는 그들이 가장 작은 자로부터 큰 자까지 다 탐욕을 부리며 선지자로부터 제사장까지 다 거짓을 행함이라 [14] 그들이 내 백성의 상처를 가볍게 여기면서 말하기를 평강하다 평강하다 하나 평강이 없도다 [15] 그들이 가증한 일을 행할 때에 부끄러워하였느냐 아니라 조금도 부끄

러워하지 않을 뿐 아니라 얼굴도 붉어지지 않았느니라 그러므로 그들이 엎드러지는 자와 함께 엎드러질 것이라 내가 그들을 벌하리니 그때에 그들이 거꾸러지리라 여호와의 말씀이니라(렘 6:13-15).

당시 선지자에서 제사장까지 모든 이들이 다 거짓과 탐욕을 행했다. 그들은 하나님의 심판이 임박했는데도 여전히 "평강하다"는 위로의 메시지를 전했고, 그러면서도 전혀 부끄러워하지 않았다. 이러한 설교자들이 활개를 치는 동안에도 당시의 청중은 분별력이 없었고, 오히려 그들의 메시지에서 위로를 얻었다.

첫 청중 아담과 여자(하와)는 첫 설교자 하나님의 말씀을 듣고 난 후 다른 설교자, 즉 뱀의 모양을 한 사탄의 말을 들었다.

[1] … 뱀이 여자에게 물어 이르되 **하나님이 참으로 너희에게 동산 모든 나무의 열매를 먹지 말라 하시더냐** [2] 여자가 뱀에게 말하되 동산 나무의 열매를 우리가 먹을 수 있으나 [3] 동산 중앙에 있는 나무의 열매는 하나님의 말씀에 너희는 먹지도 말고 만지지도 말라 너희가 죽을까 하노라 하셨느니라 [4] 뱀이 여자에게 이르되 **너희가 결코 죽지 아니하리라** [5] **너희가 그것을 먹는 날에는 너희 눈이 밝아져 하나님과 같이 되어 선악을 알 줄 하나님이 아심이니라** [6] 여자가 그 나무를 본즉 먹음직도 하고 보암직도 하고 지혜롭게 할 만큼 탐스럽기도 한 나무인지라 여자가 그 열매를 따 먹고 자기와 함께 있는 남편

에게도 주매 그도 먹은지라(창 3:1-6).

둘은 사탄의 '설교'를 듣고는 그대로 따랐다. 하나님의 말씀보다 사탄의 말대로 행했다. 그들은 거짓 설교자를 분별하지 못했고, 결국 온 인류를 죄에 빠뜨렸다. 지혜로운 청중은 말씀을 분별하는 능력을 갖추어야 한다. 거짓에 속지 말아야 한다. 무엇이 참이고 거짓인지 스스로 판단할 줄 알아야 한다.

그렇다면 어떻게 설교를 분별할 수 있을까? 여러 방법이 있지만 그 중 몇 가지만 제시해 보면 다음과 같다.

위로와 감동만 주는 설교를 주의하라
하나님의 말씀은 우리에게 다양한 감정적 반응을 일으킨다. 하나님의 말씀은 우리를 위로한다. 하나님의 사랑과 자비는 우리를 감동케 한다. 위로와 감동만 주는 게 아니라 책망하고 질책하며 신속한 변화를 요구하기도 한다. 그래서 때로 우리는 떨고 두려워하며 어쩔 줄 몰라 한다.

> 36 그런즉 이스라엘 온 집은 확실히 알지니 너희가 십자가에 못 박은 이 예수를 하나님이 주와 그리스도가 되게 하셨느니라 하니라 37 그들이 **이 말을 듣고 마음에 찔려** 베드로와 다른 사도들에게 물어 이르되 **형제들아 우리가 어찌할꼬 하거늘**(행 2:36-37).

베드로의 설교를 들은 초대 교회 성도는 말씀을 통해 위로를 받지 않았다. 감동을 받지도 않았다. 그들은 오히려 마음에 찔렸으며 어떻게 할지 몰라 두려워했다. 하나님의 말씀은 때로 감동보다는 경외심을 갖게 만든다.

> 네가 호렙 산에서 네 하나님 여호와 앞에 섰던 날에 여호와께서 내게 이르시기를 나에게 백성을 모으라 내가 그들에게 내 말을 들려주어 그들이 세상에 사는 날 동안 **나를 경외함을 배우게 하며** 그 자녀에게 가르치게 하리라 하시매(신 4:10).

> ¹⁰ 모세가 그들에게 명령하여 이르기를 매 칠 년 끝 해 곧 면제년의 초막절에 ¹¹ 온 이스라엘이 네 하나님 여호와 앞 그가 택하신 곳에 모일 때에 이 율법을 낭독하여 온 이스라엘에게 듣게 할지니 ¹² 곧 백성의 남녀와 어린이와 네 성읍 안에 거류하는 타국인을 모으고 그들에게 듣고 배우고 네 하나님 여호와를 **경외하며** 이 율법의 모든 말씀을 지켜 행하게 하고 ¹³ 또 너희가 요단을 건너가서 차지할 땅에 거주할 동안에 이 말씀을 알지 못하는 그들의 자녀에게 듣고 네 하나님 여호와 **경외하기를** 배우게 할지니라(신 31:10-13).

위의 말씀에 의하면, 하나님의 말씀을 들을 때 자연스럽게 따라오는 반응은 하나님에 대한 경외심이다. 경외(敬畏)라는 것은, 두려움을 포함한다.

그럼에도 위로와 감동을 전하는 말씀만 기대하는 것이 사람의 속성이다. 하지만 기억하라. 위로와 감동만 주는 설교를 좇다 보면 자신도 모르는 사이에 영혼이 병들고 만다. "평강하다 평강하다"라고만 하는 선지자는 우리의 죄를 간과하기 때문이다. 그들은 청중의 마음을 얻으려 할 뿐이다(렘 6:13-15).

수년 전에 죄를 지적하는 설교를 한 적이 있는데, 설교 후 한 분이 찾아와 이렇게 말했다. "그런 설교를 해서는 부흥하지 못합니다."

부흥이란 과연 무엇인가? 사람만 많아지는 것이 부흥인가? 죄를 회개하지 않고도 그리스도를 믿을 수 있는가? 그리스도를 믿지 않는 사람들로 교회당을 가득 채우는 것이 부흥인가? 사도 시대에는 오히려 죄를 지적하는 설교로 교회가 부흥했다.

"평강하다"는 말만 전하는 설교에 속아서는 안 된다. 위로와 감동으로 포장한 설교에 넘어가지 말아야 한다. 하나님의 사랑과 십자가의 은혜만 전할 뿐 죄와 죄의 비참함에 대해서는 전하지 않는 설교를 주의해야 한다. 사람들이 듣고 싶어 하는 것만 골라서 설교하는 것이 아니라 하나님께서 말씀하시는 바를 빠짐없이 설교하는 자가 진정한 선지자다.

물론 설교가 죄만 지적해서도 안 된다. 때로는 위로와 감동을 주고, 용기와 희망도 전해야 한다. 그 위로는 그리스도의 사랑과 용서에 근거한 것이며, 감동은 십자가의 은혜에서 나온 것이어야 한다. 그럼에도 그 전에 할 것이 있다. 바로 회개 요청이다. 진리는 감동을 주기도 하지만, 때로는 우리를 불편하게 한다. 그래도 설교자는 전해야 하고, 청중은 들어야 한다.

진리가 아닌 것에도 우리는 감동받을 수 있다. 교묘한 말과 언어적 기교로 진리가 아닌 것을 진리처럼 보이게 조작하거나 포장하는 일은 충분히 가능하다. 심지어 인위적으로 내는 잔잔한 목소리, 중간 중간 섞어서 부르는 감미로운 찬송, 억지로 짜내는 눈물, 불필요한 고함으로도 그런 일은 가능하다.

스펄전도 인위적인 감정 조작에 대해 이렇게 권면한 적이 있다.

> 어떤 사람들은 부자연스러운 억양과 음의 높낮이를 이용하여, 눈을 이리저리 굴리며 손을 우스꽝스럽게 휘저으면서, 억지로 기름 부음을 흉내 내려 합니다. 동작이나 제스처만 있고 능력이 없는 설교는 정말 모든 생명이 사라진 역겨움을 줄 뿐입니다. 어떤 형제들은 악을 쓰고 소리를 질러서 영감을 얻으려 하지만 영감이 오지 않습니다. 어떤 사람은 설교를 중단하고, "하나님께서 복 주시기를 바랍니다"라고 소리를 지릅니다. 또 어떤 사람은 아주 크게 몸을 움직이고 손으로 주먹을 꽉 쥐어서 하늘의 열정에 북받쳐 오르는 것처럼 행동하기도 합니다. 그러나 아뿔싸! 그런 모든 것들에서 배우들의 분장실과 무대 냄새가 나는 것을 어쩌겠습니까? 설교자가 청중들에게 감동을 주려고 그들을 의도적으로 자극하는 것처럼 혐오스러

운 게 없습니다. 정직한 사람들이라면 모두 비난할 것입니다.[50]

감동을 충동질하는 설교를 조심하고 분별해야 한다. 청중이 감동적인 설교만을 요구한다면, 설교자는 성경 본문보다는 좋은 이야기, 따듯한 사연을 모은 잡지나 예화집에서 메시지를 찾고, 가십거리 주변을 기웃거리게 될 것이다.

복음이 선포될 때 우리 안에 일어나는 감정은 다양하다.[51] 감동과 은혜를 착각하지 말라. 은혜는 우리의 정서에 감동을 주기도 하지만 책망과 불편함을 주기도 한다.

본문을 설명하지 않는 설교를 주의하라

설교자가 강단에 올라 그날 본문의 장, 절을 알리고 성경 말씀을 읽는다. 그리고 감동적인 이야기로 설교를 시작한다. 중간중간 재미있는 에피소드가 이어진다. 이제나저제나 기다려도 본문에 대한 설명은 없다. 어느새 설교자는 "말씀을 맺겠습니다"라고 말한다. '이제라도 본문 이야기를 하겠지'라고 기대해 보지만, 설교자는 자신이 지난주에 읽은 수필 이야기를 한다. 이쯤 되면 청중은 이런 생각이 든다.

---

50. 스펄전, 『스펄전 설교론』, 78.
51. 김영봉, 『설교자의 일주일』(복있는사람, 2017), 226.

'어, 성경은 왜 읽었지?'

이런 설교를 '점핑보드 설교'라고 부른다. 본문은 잠시 언급했을 뿐 그에 대한 설명과 적용이 전혀 없는 설교다. 본문을 도약지로 '이용'했을 뿐, 본문과 전혀 무관한 설교다.

본문을 설명하지 않는 설교를 주의하라. 본문에 대한 해석과 설명이 없는 설교는 설교가 아니다. 설교자가 자기 일상이나 무용담, 간증만 늘어놓거나 예화집에서 읽은 이야기로 설교 시간 대부분을 채운다면, 그것은 설교가 아니다.

설교는 하나님 말씀의 봉사다. 하나님의 말씀을 해석하고 그 의미를 가르쳐 주는 것이 설교다. 설교는 낭독한 본문에 대한 깊이 있는 해설과 해석에 기초해야만 한다.

> 26 주의 사자가 빌립에게 말하여 이르되 일어나서 남쪽으로 향하여 예루살렘에서 가사로 내려가는 길까지 가라 하니 그 길은 광야라 27 일어나 가서 보니 에디오피아 사람 곧 에디오피아 여왕 간다게의 모든 국고를 맡은 관리인 내시가 예배하러 예루살렘에 왔다가 28 돌아가는데 수레를 타고 선지자 이사야의 글을 읽더라
>
> 29 성령이 빌립더러 이르시되 이 수레로 가까이 나아가라 하시거늘 30 빌립이 달려가서 선지자 이사야의 글 읽는 것을 듣고 말하되 읽는 것을 깨닫느냐 31 대답하되 지도해 주는 사람이 없으니 어찌 깨달을 수 있느냐 하고 빌립을 청하여 수레에 올라 같이 앉으라 하니라

³² **읽는 성경 구절은 이것이니 일렀으되** 그가 도살자에게로 가는 양과 같이 끌려갔고 털 깎는 자 앞에 있는 어린 양이 조용함과 같이 그의 입을 열지 아니하였도다 ³³ 그가 굴욕을 당했을 때 공정한 재판도 받지 못하였으니 누가 그의 세대를 말하리요 그의 생명이 땅에서 빼앗김이로다 하였거늘 ³⁴ 그 내시가 빌립에게 말하되 청컨대 내가 묻노니 선지자가 이 말한 것이 누구를 가리킴이냐 자기를 가리킴이냐 타인을 가리킴이냐

³⁵ **빌립이 입을 열어 이 글에서 시작하여 예수를 가르쳐 복음을 전하니** ³⁶ 길 가다가 물 있는 곳에 이르러 그 내시가 말하되 보라 물이 있으니 내가 세례를 받음에 무슨 거리낌이 있느냐 (37절은 없음) ³⁸ 이에 명하여 수레를 멈추고 빌립과 내시가 둘 다 물에 내려가 빌립이 세례를 베풀고(행 8:26-38).

에디오피아 내시가 세례를 받을 수 있었던 것은 빌립이 성경을 풀어서 자세히 설명해 주었기 때문이다. 반대로 오늘날 많은 청중들이 설교를 들어도 은혜를 누리지 못하는 것은, 설교자들이 성경을 제대로 가르쳐 주지 않았기 때문이 아닐까?

¹ 이스라엘 자손이 자기들의 성읍에 거주하였더니 일곱째 달에 이르러 모든 백성이 일제히 수문 앞 광장에 모여 학사 에스라에게 여호와께서 이스라엘에게 명령하신 모세의 율법책을 가져오기를 청

하매 ² 일곱째 달 초하루에 제사장 에스라가 율법책을 가지고 회중 앞 곧 남자나 여자나 알아들을 만한 모든 사람 앞에 이르러 ³ 수문 앞 광장에서 새벽부터 정오까지 남자나 여자나 알아들을 만한 모든 사람 앞에서 읽으매 뭇 백성이 그 율법책에 귀를 기울였는데

⁴ 그때에 학사 에스라가 특별히 지은 나무 강단에 서고 그의 곁 오른쪽에 선 자는 맛디댜와 스마와 아나야와 우리야와 힐기야와 마아세야요 그의 왼쪽에 선 자는 브다야와 미사엘과 말기야와 하숨과 하스밧다나와 스가랴와 므술람이라 ⁵ 에스라가 모든 백성 위에 서서 그들 목전에 책을 펴니 책을 펼 때에 모든 백성이 일어서니라 ⁶ 에스라가 위대하신 하나님 여호와를 송축하매 모든 백성이 손을 들고 아멘 아멘 하고 응답하고 몸을 굽혀 얼굴을 땅에 대고 여호와께 경배하니라

⁷ 예수아와 바니와 세레뱌와 야민과 악굽과 사브대와 호디야와 마아세야와 그리다와 아사랴와 요사밧과 하난과 블라야와 레위 사람들은 백성이 제자리에 서 있는 동안 그들에게 율법을 깨닫게 하였는데 ⁸ **하나님의 율법책을 낭독하고 그 뜻을 해석하여 백성에게 그 낭독하는 것을 다 깨닫게 하니** ⁹ 백성이 율법의 말씀을 듣고 다 우는지라 총독 느헤미야와 제사장 겸 학사 에스라와 백성을 가르치는 레위 사람들이 모든 백성에게 이르기를 오늘은 너희 하나님 여호와의 성일이니 슬퍼하지 말며 울지 말라 하고 … ¹² **모든 백성이 곧 가서 먹고 마시며 나누어 주고 크게 즐거워하니 이는 그들이 그**

읽어 들려 준 말을 밝히 앎이라(느 8:1-9, 12).

학사 에스라는 이스라엘 백성들에게 하나님의 말씀을 낭독할 뿐만 아니라 그 뜻을 해석해 백성들로 하여금 본문의 의미를 깨닫게 했다. 그 설교를 들은 백성들은 말씀의 의미를 밝히 알게 되었다.

위로와 감동만을 주기 원하는 설교자들은 대개 성경 본문을 점핑보드로 사용한다. 그런 설교자들은 성경을 잘 모르거나 성경 연구를 게을리하는 이들일 가능성이 높다. 성경으로는 할 이야기가 없으니 다른 이야기들로 설교 시간을 때우는 것이다.

설교자는 기본적으로 성경에 기록된 의미를 설명해 주는 사람이다. 본문에 충실하지 않은 설교는 그 내용이 아무리 좋더라도 바른 설교가 아니다. 기독교 초창기부터 설교는 낭독한 본문에 대한 설명이어야만 한다고 생각했다. 설교는 어떤 종교적 주제에 대한 강의가 아니다.[52]

설교자는 하나님의 말씀을 전해야 하고, 청중은 하나님의 말씀을 들어야 한다. 그것을 위해 다들 예배의 자리에 나온 게 아닌가? 다른 이야기는 다른 곳에서 얼마든지 들을 수 있다. 그러나 하나님의 말

---

52. Hughes Oliphant Old, (Guides to the Reformed Tradition) *Worship: That is Reformed according to Scripture*(Atlanta: John Knox Press, 1984), 59-60.

씀은 오직 설교단에서만 선포되며, 예배당에서만 들을 수 있다. 아무리 화려한 미사여구를 사용하고 좋은 예화가 가득하며 논지가 빛나더라도 본문을 벗어난 설교는 분별해 내야 한다. 그 책임이 청중에게 있다.

언제나 결론이 같은 설교를 주의하라

어떤 본문으로 설교를 하더라도 똑같은 말씀을 전하는 설교자들이 있다. 마태복음 1장을 읽고도 "전도하라", 마태복음 21장을 읽고도 "전도하라", 창세기 6장을 읽고도 "전도하라"다. 언제나 결론이 같다.

어느 본문이든 상관없이 설교자 자신이 생각하는 몇 안 되는 주제로 결론을 짓는다. "전도하라", "기도하라", "성경을 읽으라", 심지어 "설교자에게 순종하라" 등 몇 안 되는 주제가 늘 되풀이된다. 이런 설교가 계속된다면 그 설교자에게 본문은 점핑보드일 뿐이다. 성경이 말씀하고자 하는 바를 전하기보다는 설교자 자신의 목회 소신을 전달하는 것이다.

> 이는 내가 꺼리지 않고 **하나님의 뜻을 다** 여러분에게 전하였음이라
> (행 20:27).

사도 바울은 에베소 교회의 장로들과 작별인사를 나누면서 자신의 사역에 대해 이렇게 회고했다. "내가 하나님의 뜻을 다 전했다." 설

교자는 성경 전체를 골고루 전하려고 노력해야 한다. 성경의 모든 교리를 가르치려고 해야 한다. 하나님의 뜻을 골고루 드러내야 한다.

웨스트민스터 대요리문답 제159문답은 사도행전 20장 27절에 근거해 '하나님의 모든 뜻을 알게 하는 것'이 설교자의 사명임을 가르친다.

159문: 그렇게 부름받은 사람들은 하나님의 말씀을 어떻게 설교해야 합니까?

답: 말씀 사역에 수고하도록 부름받은 사람들은 바른 교리를 설교하되, 부지런히, 때를 얻든지 못 얻든지, 명백하게, 사람의 지혜의 말로 하지 아니하고 성령의 나타남과 능력으로 할 것이며, 신실하게, **하나님의 모든 뜻을 알게 할 것이며**(행 20:27), 지혜롭게, 청중의 필요와 이해 능력에 적용시켜, 열심히, 하나님과 그의 백성의 영혼들에 대한 뜨거운 사랑으로 할 것이며, 성실하게, 하나님의 영광과 그들의 회심, 건덕, 구원을 목적하고 설교해야 합니다.

아멘을 강요하는 설교를 주의하라

"믿으면 아멘 하시기 바랍니다." "믿습니까? 믿습니까?" "아멘? 아멘? 아멘?" "할렐루야?" "왜 대답을 안 하십니까?" 설교자가 설교 중에 억지로 청중의 반응을 이끌어 내는 경우가 있다. 청중이 자연스럽게 해야 할 반응을 인위적으로 끌어내기를 즐겨하는 설교자들이다.

설교의 전체 흐름과는 상관없이 구호를 외치듯 청중의 "아멘"을 유도하는 행위는 바람직하지 않다. 설교의 문장마다 아멘을 요구하는 것도 바람직하지 않다. 아멘은 말씀을 듣는 청중들이 자원하는 마음으로 고백하는 표현이어야 한다. 설교자가 작위적으로 유도할 만한 것이 아니다. 청중의 반응과 기대를 성령님의 역사에 맡기지 않고 언어의 표현 기법을 통해 끌어내는 건 바람직하지 않다. 아멘 소리로 설교자의 성취감을 얻으려 해서는 안 된다. 아멘이 분위기를 조성하는 수단이 되어서는 안 된다. 청중을 매료시키고 설교에 몰입하게 하고자 인위적이며 선동적 어조로 청중에게서 반사적으로 "아멘" 소리가 나도록 유인하는 것은 부당하다.[53]

그렇다고 아멘이 불필요한 건 결코 아니다. 아멘은 분명 중요하다 (하이델베르크 요리문답 제129문답). 아멘은 하나님의 말씀에 대한 우리의 반응이요 화답이다. 다만 설교의 맨 끝에서 한 번 "아멘" 하는 것으로 충분하다. 중간중간에 아멘을 하면 오히려 설교의 흐름이 끊길 수 있다. 또한 자신의 경건을 드러내려고 외식하는 태도는 아닌지 돌아볼 일이다. 입으로 "아멘" 하는 것도 중요하지만 진심으로 아멘 하는 것이 더 중요하다. 삶으로 아멘 하는 것은 더더욱 중요하다.

청중이 하나님의 말씀에 아멘으로 화답하는 것은 당연하지만, 이

---

53. 김석한, 『교회용어 바로 쓰기』(영문, 2003), 37, 65, 122.

는 억지로 할 일이 아니고, 말씀에 대한 자연스러운 반응으로 나와야 한다.

큐티 나눔식 설교를 주의하라

설교는 기록된 말씀을 전하는 것이다. 말씀을 해석하고 그 뜻을 드러내는 것이다. 하나님의 입이 되어 그분의 말씀을 선포하는 일이다. 설교자의 주관적 체험이나 감상과 소감을 나누는 시간이 아니다.

"저는 이 말씀은 이런 뜻이라고 생각합니다."
"저는 이 말씀을 통해 이런 감동을 받았습니다."
"하나님께서 저에게 이런 생각을 주셨습니다."

이것은 설교 강단에서 할 표현이 아니다. 이런 주관적인 이야기는 설교가 아니다. 청중은 하나님의 말씀을 들으러 나왔지 설교자의 큐티 나눔이나 개인의 간증을 들으러 온 게 아니다. 그런 것도 설교가 될 수 있다면 설교자라는 직분이 따로 필요한 이유가 없다. 말씀에 감동받은 누구나 나와서 할 수 있지 않겠는가? 왜 굳이 설교자만 설교를 할 수 있느냐는 말이 나올 수 있다.

위와 같은 표현을 어쩌다 한두 번이 아니라 자주 반복한다면, 그 설교자는 자신의 행위가 무엇인가에 대한 이해가 부족한 사람이다. 하나님의 말씀을 전하기보다 자기 생각을 전하고자 하는 사람이다.

웃기는 설교를 주의하라

한때 웃기는 설교가 유행했다. 웬만한 개그맨보다 훨씬 웃기는 설교자가 재치 있는 이야기로 설교를 가득 채운다. 언제 시간이 지났는지 모를 정도로 재미있다. 지루한 설교에 싫증을 느낀 청중의 요구에 맞아 떨어져 많은 사람들이 재미있다는 설교에 몰린다. 그렇게 유명세를 탄 설교자는 전국의 교회를 누비며 부흥회를 인도하고, 그 설교에 수많은 사람들이 열광한다. 웃기는 설교가 한창 유행하던 시절, 고려신학대학원의 박영돈 교수는 이렇게 말했다.

> 지금 한국 교회의 강단에 나타나고 있는 '웃기는 설교'의 붐은 교회 역사 속에서 그 전례를 찾아볼 수 없는 아주 변칙적인 설교 행태다. 이렇게 강단의 메시지가 말씀의 깊이에 뿌리내리지 못한 채 가벼운 담소거리로 전락해 버린 적이 없었다.
>
> 그런 복음 전파 방식이 안고 있는 가장 치명적인 약점과 위험은 인간의 재담과 말의 유희와 현란함이 성령의 감동하시는 역사를 교묘히 대체하고 약화시킬 수 있다는 사실이다. 성령이 주시는 참된 하늘의 기쁨과 즐거움이 아닌 인간의 익살과 잔꾀로, 깊은 영혼을 감동시켜서가 아니라 육신의 표피적 감성을 자극하여 창출해 낸 가벼운 웃음거리를 선사하며, 그것을 마치 성령의 은혜인 양 교인들을 현혹시킬 수 있다는 것은 참으로 두려운 일이 아닐 수 없다.
>
> 설교자의 가장 추한 죄악은 성령의 방식을 따라 하나님의 말씀

을 순수하게 전해 하나님께만 영광이 돌아가게 하지 아니하고, 인간의 교묘한 육적 편법을 동원해 사람들을 끌어 자신이 유명해지고 영광과 찬사를 받으려 하는 것이다. 하나님의 영광과 영혼 구원을 위한다는 명분을 철저히 내세우면서도 자기 영광을 은밀히 추구하는 것이 설교자가 가장 빠지기 쉽고 극복하기 힘든 죄악이다.

물론 설교에서 적절한 예화와 유머는 양념과 같이 설교의 맛을 돋우는 데 유용하다. 그러나 의도적으로 웃기기 위해 고안해 낸 유머의 남발은 청중의 관심을 주님의 말씀으로부터 분산시켜 재미에 쏠리게 한다. 그리하여 교인들의 영혼이 말씀의 깊은 세계에 뿌리내려 거기서 영적 자양분을 빨아들이며 성숙하지 못하고 말씀의 표피에만 머무는 영적 미성숙을 벗어나지 못하게 한다. 복음에는 그 특성상 가벼운 웃음과 유머를 곁들여 전달할 수 없는 진지함과 심각성을 띤 내용과 주제들이 다분하다.[54]

설교는 재미를 추구하지 않는다. 설교는 사람을 웃기기 위한 수단이 아니다. 물론 그렇다고 설교를 일부러 따분하게 할 필요는 없다. 지루하다고 좋은 설교가 되는 건 아니다. 하지만 설교는 하나님의 말씀을 전하는 것이며, 하나님의 말씀은 재미를 추구하지 않는다.

---

54. 박영돈, "'웃기는 설교'가 유행하는 시대", 〈기독교보〉, 2004년 7월 3일.

성경을 아무리 읽어 봐도 웃긴 이야기는 없다. 하나님의 천지창조가 웃긴가? 노아의 홍수 이야기가 웃긴가? 아브라함이 자신의 아들 이삭을 바친 사건이 웃긴가? 솔로몬의 성전 건축이 웃긴가? 예수 그리스도께서 당신의 죄를 위해 십자가에 못 박히신 일이 웃긴가? 사도들이 복음을 전파하기 위해 수고한 일이 웃긴가? 장차 주님께서 재림하실 것이라는 경고가 웃긴가? 성경 속 설교자들을 보라. 그들의 설교가 웃긴가? 오순절 베드로의 설교가 웃긴가? 스데반의 설교가 웃긴가? 바울의 설교가 웃긴가? 흥미를 끄는 그 어떤 요소도 없다.

오늘날 웃기는 설교가 주를 이루는 시대가 되다 보니 진지한 말씀 선포가 희귀하다. 죄인의 비참함과 하나님의 영원한 심판과 형벌에 관한 설교가 점차 사라지고, 가벼운 농담과 익살이 그 자리를 차지해 버렸다. 웃기는 설교가 유행하는 시대에 최후 심판의 두려움을 전하는 설교가 사라지고 있는 것은 너무나 당연하다.

『그리스도인의 전신갑주』(The Christian in Complete Armour, 1655, 1658, 1662년)라는 책으로 유명한 청교도 설교자 윌리엄 거널(William Gurnall, 1616-1679년)은 이렇게 말했다. "하나님의 말씀은 매우 성스럽고, 설교는 매우 엄숙한 일이므로 절대로 장난치거나 가지고 놀 수 없다."[55]

웃기는 설교를 분별하라. 웃음은 굳이 설교에서 얻을 필요가 없다.

---

55. 조엘 비키, 마크 존스, "청교도의 설교 (1)", 『청교도 신학의 모든 것』, 780.

설교를 통하지 않더라도 웃을 일은 많다. 버라이어티 예능도 있고 개그 프로그램도 있다. 우리는 웃고 즐기려고 설교를 듣는 게 아니다. 하나님의 말씀을 듣고, 그 말씀을 통해 죄를 깨닫고 하나님의 사랑을 경험하기 위해 설교를 듣는다. 웃기는 설교가 얼굴에는 웃음꽃을 피우더라도 영혼에는 어둠의 그림자를 드리울지 모른다.

화려한 말솜씨를 주의하라

화려한 말솜씨는 듣는 사람을 쉽게 속일 수 있다. 뛰어난 웅변술은 사람들을 혹하게 만든다. 알맹이는 없으면서 뭔가 있는 것처럼 혼란케 만든다. 그래서 감언이설이라는 말도 있다.

설교는 말을 통한 행위다. 설교자의 말솜씨가 중요하지만, 말솜씨가 오히려 청중을 속일 수 있다. 이를 잘 아는 설교자 중에는 말솜씨로 모든 것을 포장하려는 이가 있다. 화려한 말솜씨로 본질을 오도하는 것이다. 청중은 이것을 주의해야 한다.

이와 비슷한 지적을 아우구스티누스도 한 적이 있다.

> 성경을 해석하며 가르치는 사람은 토론하며 주장할 때 언변보다 지혜가 있어야 한다. 언변도 좋으면 청중에게 더 많은 유익을 줄 수 있겠지만, 우리는 유창한 언변으로 무의미한 말을 하는 사람을 경계해야 한다. 더군다나 들을 만하지 않은 말을 듣는 사람이 좋아한다든가, 말을 잘한다고 해서 옳은 말일 것이라고 생각한다면 더욱 경

계해야 한다.[56]

설교란 말의 지혜가 아닌 성령의 나타나심과 능력을 통한 선포다 (고전 2:4, 고후 11:6). 물론 뛰어난 언변을 지녔다고 해서 다 주의해야 하는 것은 아니다. 설교자에게 말의 지혜와 기술은 너무나 중요하다. 설교자는 말의 기술을 익히기 위해 부단히 노력해야 한다.[57] 좋은 내용, 하나님의 말씀을 바르게 전하는 설교자가 뛰어난 언변까지 갖추고 있다면 그야말로 금상첨화다. 다만 본질은 없고 화려한 언어적 수사만으로 설교하는 이들을 주의해야 한다.

한편, 설교할 때 욕설을 섞거나 비속어를 사용하면서 분위기를 장악하는 경우도 조심해야 한다. 설교자는 하나님의 거룩한 말씀을 선포하면서 무례한 언어를 사용해서는 안 된다.[58] 대부분의 정상적인 설교자는 단어 하나, 문장 하나도 신중하게 작성한다. 험악한 언어를 쓰는 설교자가 강단을 장악하지 않도록 청중은 분별력을 가지고 주

---

56. Augustinus, *De Doctrina Christiana*, IV. v. 7. 이 책은 국내에서 『기독교 교육론』(크리스천다이제스트)과 『그리스도교 교양』(분도출판사)이라는 제목으로 번역 출판되었다. 이 책의 제4권은 아우구스티누스의 '설교학'이라고 부를 수 있다.
57. Augustinus, *De Doctrina Christiana*, IV. ii. 3; IV. v. 8.
58. 웨스트민스터 예배모범의 '말씀 선포에 관하여' 부분을 보면 "엄숙하게, 하나님의 말씀이 되도록 하라. 이를 위해서 인간의 타락성이 목사와 그의 목회를 멸시하게 만드는 몸짓, 목소리, 표현을 삼가라"는 언급이 나온다.

의해서 설교를 들어야 한다. 화려한 말솜씨도 조심해야 하고, 지나치게 경박한 언어 사용도 조심해야 한다. 자신의 입에 재갈을 물릴 줄 아는 설교자를 분별해야 한다.

> ¹ 내 형제들아 너희는 **선생 된 우리가** 더 큰 심판을 받을 줄 알고 선생이 많이 되지 말라 ² **우리가 다 실수가 많으니 만일 말에 실수가 없는 자라면 곧 온전한 사람이라** 능히 온몸도 굴레 씌우리라 ³ 우리가 말들의 입에 재갈 물리는 것은 우리에게 순종하게 하려고 그 온몸을 제어하는 것이라(약 3:1-3).

사도 야고보는 선생 된 자들이 말을 조심해야 한다고 강조한다. 설교자는 선생 된 자요, 말을 조심해야 하는 자들이다. 자기 입에 재갈 물리는 설교자는 하나님의 말씀도 신중하고 분명히 전한다.

지식을 자랑하는 설교를 주의하라

교회 역사를 돌아보면, 설교자들 가운데 자신의 지식을 자랑하는 경우가 있었다. 사람들이 이해하지 못하는 설교를 하는 것을 오히려 자랑스러워하던 시대가 있었다. 중세시대다.

설교는 사람이 듣도록 하는 것이다. 성경 말씀에 기록된 내용을 무슨 뜻인지 이해하도록 가르치는 일이 설교다(행 8:26-39). 그러므로 이해하기 어려운 말이나 표현을 사용해 자신의 지적인 우월성을 나타낼 뿐만 아니라, 설교자의 권위에 도전하지 못하게 하는 것은 바람직하지 않다. 설교자는 자신의 지식이 아니라 그리스도를 자랑하는 자여야 한다(고후 12:9, 갈 6:14).

이러한 이유로 장로교 헌법의 예배모범은, 설교자가 자신의 지식을 자랑할 게 아니라 청중이 이해하도록 설교를 해야 한다고 가르친다.

대한예수교장로회(고신) 헌법(2011년판) 예배지침
제4장 말씀의 선포 제18조 [설교]
2. 설교의 방법
목사는 항상 기도와 묵상으로 설교를 준비할 것이며 준비 없이는 하지 말아야 한다. 또한 복음의 순수성에 입각해 언어 구사에서 성경과 일치하고 **청중이 이해하기 쉽게 할 것이며 자신의 학문이나 재능을 자랑하지 말아야 한다.**

대한예수교장로회(합동) 헌법(2006년판) 예배모범
제6장 설교
3. 강도하는 자는 방법을 많이 연구하고 묵상하며 기도하며 조심하여 예비함이 옳으니 결코 주의(主意)와 예비 없이 하지 말고(삼하 24:24), **복음의 단순한 것을 따라 그 언어가 성경에 적합하고 청중 가운데 무식한 자도 알아듣기 쉽게 말할 것이요, 자기의 학문이나 재예를 자랑하지 말고** 자기 행실로 자기의 가르치는 도리를 빛나게

하고(딛 2:10) 생각과 말과 사랑과 믿음과 정결함으로 모든 신자의 본이 되어야 한다.

장로교 헌법 예배모범에 나오는 위의 내용은 웨스트민스터 예배모범(1645년)에 근간을 두고 있다.

웨스트민스터 예배모범
말씀 선포에 관하여
… 그러나 그리스도의 종은, 그 방법이 무엇이든 그의 전 사역을 다음과 같이 수행할 것이다.
1. 수고를 아끼지 않음으로, 주의 일에 게으르지 말아야 한다.
2. 분명하게 하여, **가장 비천한 사람도 이해할 수 있도록 해야 한다.** 그리스도의 십자가가 무익하지 않도록 하기 위해서, **사람의 지혜로 말미암은 유혹적인 말로 진리를 전달하지 말고,** 성령님의 나타나심과 능력으로 전해야 한다. 또한 **알 수 없는 언어, 이상한 문구, 소리와 단어의 운율의 무익한 사용을 삼가야 한다.** 또한 교회적 격언이나 다른 인간의 저작은 고전이나 현대의 것이나 품위가 전혀 없으므로 드물게 인용해야 한다.
3. 충성스럽게, 그리스도의 존귀하심을 바라보면서, 사람들이 회심, 교화, 구원에 이르게 하되, **자기 자신의 유익이나 영광을 구해서는 안 된다.** …

지식을 자랑하는 설교는 왜 바람직하지 않은가? 설교자는 자기 자신을 높이거나 청중으로 하여금 자기를 주목하도록 부름받은 자가 아니라, 하나님의 말씀을 전하고 그 결과 청중이 하나님과 예수 그리스도께만 향하게 만들도록 부름받았기 때문이다. 설교자는 자기 자신이 영광받기 위한 직분이 아니다. 설교자는 영광스러운 자리지만, 그 영광이 하나님께로 향하게 하는 자리다.

설교자는 지식을 갖춘 자이지만 그 지식을 뽐내기 위해 설교하는 것이 아니다. 설교를 위해 자신의 지식을 마음껏 사용하되, 그 지식은 도구일 뿐이다. 지식을 전하는 것이 아니라 말씀을 전해야 한다. 지식을 잘 사용해 하나님 말씀의 본래 의미를 드러내야 한다.

지나치게 독특한 해석을 즐기면서 청중에게 자신의 우월함을 강조하는 설교자라면 분별해야 한다. 말씀에는 일반적인 해석과 다른 해석이 있을 수 있다. 다른 설교자들이 발견하지 못한 독특한 해석을 한다고 해서 잘못된 설교라고 할 수 없다. 성실한 설교자는 성경과 신학을 깊이 연구하여 다른 사람들이 발견하지 못한 진리의 광맥을 캐기 위해 힘쓴다. 이와는 달리 독특한 해석을 자주 해서 자신의 우월함을 강조하려는 설교자들이 있다. 독특한 말씀 해석을 추구하다가 이상한 방향으로 변질될 수도 있다.

설교자는 특이하게 보이려는 유혹을 받기 쉽다. 자신이 남들보다 탁월한 설교자임을 드러내고 싶은 욕망이 있다. 이 욕망은 설교자의 내면에서 나오지만 청중으로 인해 더욱 자극될 수 있다. 설교자 사도 바울은 당대 최고의 학문을 가진 가말리엘에게서 배운 지식인이었지만(행 22:3), 자신의 지식을 자랑하지 않았다(고후 10:17, 11:6-7). 대신 그리스도와 그분의 의만을 드러내려 했다(빌 3:7-9).

성숙한 설교자는 강단에서 자신을 드러내기보다는 하나님의 영광을 드러내고자 한다. 자기는 감추고 하나님만 드러나기를 바란다. 성숙한 설교자는 선포의 주제가 되시는 삼위일체 하나님을 드러내는 존재다.[59]

오늘날 강단에 설교답지 못한 설교가 판을 친다. 본문과 전혀 상관없는 설교자의 일상을 전하거나 목회 소신과 방침을 설명하고, 세상의 가치와 지혜를 전하는 설교가 가득하다. 그런 설교를 듣고도 "아멘"으로 화답하며, "은혜를 받았다"고 흡족해하는 청중이 너무 많다. 이런 설교자와 청중이 만나 복음과 교회를 왜곡시킨다.

우리는 이러한 사실을 염두에 두고 잘못된 설교를 분별해야 한다.

---

59. 탁월한 설교자 휫필드는 이런 말을 남겼다. "휫필드라는 이름은 사라지게 하고 그리스도께서 영광받으시게 하라. 내 이름은 도처에서 죽어 없어지게 하라. 친구들마저 나를 잊게 하라. 그래서 복 되신 주님의 대의가 진작될 수 있다면." 아놀드 델리모어, 『조지 휫필드』, 오현미 옮김(복있는사람, 2015), 896.
2015년 복있는사람에서 번역 출판한 책은 델리모어가 1970년에 쓴 두 권으로 된 전기(*George Whitefield: The Life and Times of the Great Evangelist of the Eighteenth-Century Revival*)이고, 1991년 두란노에서 번역 출판한 책은 델리모어가 두 권으로 된 전기를 쓴 이후, 1990년에 한 권으로 요약하여 낸 책(*George Whitefield: God's Anointed Servant in the Great Revival of the Eighteenth Century*)이다.

쉽지 않은 일이지만, 성령님께서 지혜를 주실 것이다.

사랑하는 자들아 영을 다 믿지 말고
오직 영들이 하나님께 속하였나 분별하라
많은 거짓 선지자가 세상에 나왔음이라.

요한일서 4:1

● 분별력 있는 청중이 훌륭한 설교자를 만든다

훌륭한 설교자를 찾기 어려운 이유

오늘날 교회 강단에서 신실한 말씀 선포를 찾기 힘든 이유와 책임은 1차적으로 설교자에게 있지만 청중에게도 있다. 상당수의 청중이 하나님의 말씀을 듣기 싫어한다. 진지하고 깊이 있는 설교를 마다한다. "짧은 설교가 좋은 설교다"라는 명제가 진리로 널리 받아들여지는 실정이다. 이러한 인식 때문에 설교가 점점 짧아지고 있다. 두 시간 넘는 설교는 교회 역사 속에서나 찾아볼 수 있다.

"목사님! 잘되는 교회를 보세요. 강단에서 얼마나 교인들을 축복하고 위로해 주는지 몰라요." 격려하고 위로하며 감동을 주는, 그러면서도 짧은 설교를 하라고 많은 이들이 조언한다. 죄를 지적하고, 그리스도의 십자가를 선포하며, 중생과 회심을 촉구하고, 신자의 경건한 삶을 강조하는 설교는 그다지 환영받지 못한다는 것이다. 부정적인 설교, 죄와 지옥을 전하는 설교는 피하라는 것이다.[60]

하나님의 신실하신 말씀을 가감 없이 전하는 설교보다는 자기 입맛에 맞는 설교를 찾는 요즘이다. 성경 본문을 한 번도 설명하지 않아도 재미있는 예화나 감동적인 이야기로 버무린 설교를 듣고는 "은 혜롭다"고 말한다. 성경 본문을 주해하고, 하나하나 해석해 가는 설교를 불편해한다. 성경 본문을 이곳저곳 찾아 살펴보는 것을 귀찮게 여긴다. 그저 편안하게 가만히 앉아 스크린에 뜬 성경 구절을 눈으로 한번 슥 훑어볼 뿐이다. 설교를 들으면서 메시지를 치열하게 생각한다는 건 너무 고단한 일이다. 아무 생각 없이 앉아서 설교를 듣다 보면 설교자의 목소리가 아득해지면서 나름 마음이 평온해져 온다.

그러다 보니 오늘날 대부분의 강단이 부실해지고 있다. 선포되는 말씀의 수준이 현저히 낮아지고 있다. 오늘날 청중이 원하는 바에 설교자가 적극적으로 반응한 결과다. 설교자는 청중과 호흡하며 반응하는 존재인데, 청중이 하나님의 말씀이 그대로 증거되는 것을 좋아하지 않으니 설교자가 변질되는 것이다.

신실한 말씀 선포를 싫어하는 청중이 많아질 때, 훌륭한 설교자

---

60. 켄트 필폿, 『진실로 회심했는가』, 이용복 옮김(규장, 2009), 157.

는 설 자리를 잃고 결국 자취를 감추고 말 것이다. 신실한 말씀 선포보다는 웃기고 감동적인 이야기만 하는 설교자에게 청중이 몰릴 때 훌륭한 설교자는 낙심하고, 결국 찾아보기 힘들게 되고 말 것이다. 그런 상황에서 아무나 설교자가 되겠다고 나서고 아무 설교나 한다면, 강단은 점점 더 나약해지고 그 깊이는 얕아질 수밖에 없다.

훌륭한 설교자와 훌륭한 청중

"사람은 책을 만들고, 책은 사람을 만든다." 교보문고 광화문점 돌판에 새겨진 유명한 글귀다. 이 말을 패러디해 설교자와 청중의 관계를 이렇게 말해 보고 싶다. "훌륭한 설교자는 훌륭한 청중을 만들고, 훌륭한 청중은 훌륭한 설교자를 만든다."

훌륭한 설교자는 불신자를 거듭나게 하고, 죄에서 돌이키게 하며, 그리스도께로 향하게 만든다. 우리의 양심을 찔러 죄와 죄책과 비참함을 깨닫게 한다. 연약한 영혼을 굳세게 만들고, 신실한 그리스도인으로 세운다. 청중이 설교자가 아닌 그리스도를 바라보도록 한다. 세상을 등지고 천상을 바라보는 성도를 양성한다. 우리의 죄인 됨을 깨닫게 하고 하나님의 영광만을 소망하게 만든다.

그렇게 해서 세워진 청중은 설교자를 존경한다. 설교자가 더욱 그런 설교를 할 수 있도록 돕는다. 거듭남과 회개를 촉구하는 설교에서 은혜를 누리고, 그리스도만을 바라보게 만드는 설교에서 감동을 받으며, 말씀을 따라 살도록 요청하는 설교에 귀를 기울인다.

훌륭한 청중은 하나님의 말씀만을 전하는 설교자를 원한다. 죄와 은혜를 선포하는 설교자를 원한다. 십자가에 달려 죽으신 예수 그리스도와 다시 살아나신 주님을 선포하는 설교자를 원한다. 이런 청중이 모인 곳에는 훌륭한 설교자만이 설 수 있다.

훌륭한 설교자는 훌륭한 청중을 만들고, 훌륭한 청중은 훌륭한 설교자를 만든다. 신실한 설교자와 현명한 청중이 만나면 소수일지라도 말씀을 바르게 듣는 사람, 말씀을 바르게 전하는 사람이 남게 될 것이고, 그로 인해 그 교회는 하나님의 거룩한 교회로 영원토록 남게 될 것이다.[61] 현재 강단에 서 있는 나쁜 설교자를 물러나게 하는 일은 어려울지라도, 적어도 앞으로 아무나 설교자가 되겠다고 나서는 일만큼은 막을 수 있을지 모른다. 그러므로 훌륭한 청중이 많이 나와야 하고, 훌륭한 청중을 통해 훌륭한 설교자를 길러야 한다.

훌륭한 청중이 되는 법

훌륭한 청중이 되려면 내 귀와 양심에 거슬리는 설교라도 감사히 받아야 한다. 죄와 은혜, 회개와 용서, 공의와 사랑, 심판과 구원, 어느 것에 치우쳐서는 안 된다. 하나님의 말씀이라면 그것이 무엇이든 감

---

61. 찰스 시므온, "설교를 어떻게 들을 것인가?", 〈진리의 깃발〉, 통권 89호(한국개혁주의 설교연구원, 2008), 23.

사히 들어야 한다. 하나님의 말씀을 그대로 전하는 설교를 목말라 하고, 그런 말씀이 선포될 때 감사히 여겨야 한다. 하나님의 말씀만을 전하는 설교자를 존경하고(히 13:17) 그들과 모든 좋은 것을 함께 해야 한다(갈 6:6).

설교를 들을 때 사람의 말로 생각지 말고 하나님의 말씀으로 들어야 한다. 설교를 주의 깊게 듣고, 겸손과 온유한 자세로 말씀을 대하며, 믿음으로 받아들이고, 분별력을 갖추어야 한다.

분별력을 갖춘 청중이 되기 위해서는 부단히 성경을 읽어야 한다. 설교자가 자라듯 청중도 자라야 한다. 신자로서 기본적으로 갖추어야 할 책들을 구비해야 한다. 칼뱅 주석, 스터디 바이블, 단권 주석 등을 구비하는 것도 좋고, 칼뱅의 『기독교 강요』, 헤르만 바빙크의 『개혁교의학』, 웨스트민스터 소요리문답 해설서 등을 구비하는 것도 좋다. 그 밖에 경건 서적 읽기를 습관화하는 것도 좋다.

그러나 독서가 설교 듣기를 대신해서는 안 된다. 하나님께서 우리에게 은혜를 베푸시는 공적인 기관은 교회다. 하나님은 교회를 통해, 강단에서 선포되는 말씀을 통해 은혜를 주신다. 경건 서적을 읽는 것은 유익하지만 설교보다 더 높은 위치에 두어서는 안 된다. 또한 자신이 읽은 몇 안 되는 책으로 설교자를 판단하는 일을 조심해야 한다. 라틴어 명언 중에 이런 말이 있다. "책을 한 권밖에 읽지 않은 사람을 조심하라"(*cave ab homine unius libri*).

6장

설교를 듣고 난 뒤.

설교를 듣는 것도 중요하지만, 듣고 난 다음이 더 중요하다. 설교는 앉은 자리에서 들으며 즐기기 위함이 아니다. 들은 그 자리에서 변화가 일어나야 하고, 듣고 난 뒤 일상으로 돌아가서 삶으로 나타내야 한다. 제 아무리 말씀을 경청하고, 겸손과 온유함으로 들으며, 믿음으로 받는다 해도 그 말씀이 삶에서 드러나지 않으면 헛되다.

설교는 반드시 청중의 반응으로 나타나야 한다. 설교는 청중의 변화를 요구한다. 설교를 들었다면 눈을 열어 그리스도를 바라보고, 마음을 열어 자신의 양심을 들여다보아야 한다. 하나님의 은혜와 사랑에 탄복하며, 자신의 죄로 인해 아파할 줄 알아야 한다. 인간의 연약함과 부족함, 죄의 비참함을 인식하며, 하나님의 영광을 바라보아야 한다. 이전에 행하던 죄악 된 행실을 그치고 하나님의 말씀을 따라 살아야 한다. 설교 듣기의 궁극적 목적은 하나님의 말씀을 듣고, 받고, 순종하는 데 있다. 그리스도의 완전한 성도로 세워지는 것이다.

우리가 그를 전파하여 각 사람을 권하고 모든 지혜로 각 사람을 가르침은 각 사람을 **그리스도 안에서 완전한 자로 세우려 함이니**(골 1:28).

[11] 그가 어떤 사람은 사도로, 어떤 사람은 선지자로, 어떤 사람은 복음 전하는 자로, 어떤 사람은 목사와 교사로 삼으셨으니 [12] 이는 성도를 온전하게 하여 봉사의 일을 하게 하며 그리스도의 몸을 세우려 하심이라 [13] 우리가 다 하나님의 아들을 믿는 것과 아는 일에 하나가 되어 온전한 사람을 이루어 **그리스도의 장성한 분량이 충만한 데까지 이르리니**(엡 4:11-13).

네가 네 자신과 가르침을 살펴 이 일을 계속하라 이것을 행함으로 네 자신과 **네게 듣는 자를 구원하리라**(딤전 4:16).

사도 바울은 설교자의 직분이 궁극적으로 그리스도 안에서 완전하고도 장성한 성도를 세우기 위해 있음을 여러 차례 강조한다.

● 마음속에 간직하라

설교를 들었다면 한 귀로 듣고 한 귀로 흘려버려서는 안 된다. 귓가에만 맴도는 말씀이 되어서도 안 된다. 가르침 받은 말씀을 마음속에 간직해야 한다.

> 내가 주께 범죄하지 아니하려 하여 주의 말씀을 내 마음에 두었나이다(시 119:11).

다윗의 고백대로 주의 말씀을 마음 깊은 곳에 간직해야 한다. 들었으나 마음속에 없다면 말씀은 우리 삶에 아무런 영향을 줄 수 없다. 설교는 귀라는 감각 기관을 통해 마음으로 전달되어야 한다. 마음은 영혼과 가장 밀접한 기관이다. 영혼의 참된 변화는 마음의 변화에서 시작되고, 영혼 속에서 일어난 변화는 마음에 영향을 미친다.[62]

시편 119편 11절을 근거로 웨스트민스터 소요리문답 제90문답과 웨스트민스터 대요리문답 제160문답은 다음과 같이 가르친다.

웨스트민스터 소요리문답

90문: 말씀을 어떻게 읽고 들어야 구원에 효력 있게 됩니까?

답: 말씀이 구원에 효력 있게 되려면, 우리는 부지런함과 준비와 기도로 참여해야 하며, 믿음과 사랑으로 그 말씀을 받아들여 **마음속**

---

[62]. 김남준, 『거룩한 삶의 실천을 위한 마음지킴(목회자/신학생용)』(생명의말씀사, 2003), 21.

에 간직하고(시 119:11), 우리의 삶에서 실천해야 합니다.

웨스트민스터 대요리문답
160문: 설교 된 말씀을 듣는 사람들에게는 무엇이 요구됩니까?
답: 설교 된 말씀을 듣는 사람들에게 요구되는 것은 부지런함과 준비와 기도로 참여하며, 그 들은 바를 성경으로 살펴보며, 믿음과 사랑과 온유와 준비된 마음으로 진리를 받되, 하나님의 말씀으로 받아들이며, 그것을 묵상하고, 참고하며, **마음속에 간직하고**(시 119:11), 삶 속에서 그 열매를 맺는 것입니다.

● 묵상하라

들은 말씀을 마음에 간직했다면, 간절한 기도로 묵상해야 한다.

> ¹ 복 있는 사람은 악인들의 꾀를 따르지 아니하며 죄인들의 길에 서지 아니하며 오만한 자들의 자리에 앉지 아니하고 ² 오직 여호와의 율법을 즐거워하여 **그의 율법을 주야로 묵상하는도다**(시 1:1-2).

의인은 하나님의 말씀을 주야로 묵상하는 자다. 들은 말씀을 끊임없이 묵상하는 것이 의인의 삶이다. 시편 1편 2절의 "묵상하는도다"에 개역개정 난외주는 "히. 작은 소리로 읊조리다"라는 설명을 달아 두었다. 히브리어로 '묵상하다'는 말은 '중얼대다, 속삭이다'라는 뜻이 있다는 설명이다. 다윗은 또 다른 시편 119편 97절에서 이렇게 말했다. "내가 주의 법을 어찌 그리 사랑하는지요 내가 그것을 종일 작은 소리로 읊조리나이다."

묵상이란 '부드럽게 소리 내어 읽음'으로써 말씀을 되새김질하는 것이다.[63] 말씀을 곱씹는 것, 즉 의미를 진지하게 생각하고 되새기는 것이다. 하나님의 말씀을 마음으로 생각하고, 행동의 지침으로 삼으며, 개인적으로 혹은 의인들의 모임에서 말씀을 읽고 찬송하는 것이다.

> 그러므로 우리는 들은 것에 더욱 **유념함으로** 우리가 흘러 떠내려가지 않도록 함이 마땅하니라(히 2:1, 개역개정).

> 그러므로 우리는 들은 바를 더욱 더 **굳게 간직하여** 바른 길에서 벗어나지 않도록 해야 하겠습니다(히 2:1, 공동번역).

> 그러므로 우리는 들은 바를 더욱 **굳게 간직하여**, 잘못된 길로 빠져

---

63. 김정우,『시편 주석 Ⅰ』(총신대학교 출판부, 2005), 155; 최종태,『시편 주석 Ⅰ』(햇불, 2006), 241.

드는 일이 없어야 마땅하겠습니다(히 2:1, 새번역).

히브리서 기자는 들은 말씀을 유념하라고 한다. 개역개정에서 "유념하라"고 번역한 것을 공동번역과 새번역은 "간직하라"고 번역했다. 원문 그대로 번역하면, "명심하라"는 뜻이다. 명심하고 간직하고 유념하는 것은 결국 묵상을 통해 이루어진다.

웨스트민스터 대요리문답 제160문답은 히브리서 2장 1절을 근거 구절로 "묵상"하라고 가르친다.

160문: 설교 된 말씀을 듣는 사람들에게는 무엇이 요구됩니까?
답: 설교 된 말씀을 듣는 사람들에게 요구되는 것은 부지런함과 준비와 기도로 참여하며, 그 들은 바를 성경으로 살펴보며, 믿음과 사랑과 온유와 준비된 마음으로 진리를 받되, 하나님의 말씀으로 받아들이며, **그것을 묵상하고**(히 2:1), 참고하며, 마음속에 간직하고, 삶 속에서 그 열매를 맺는 것입니다.

● 실천하라

설교는 궁극적으로 변화를 목적한다. 행동, 생각, 태도, 마음의 변화가 일어나기를 기대한다. 청중은 변화를 실천해야 한다. 들은 말씀을 마음속에 간직하여 묵상하며 삶 속에서 실천해야 한다. 행동과 생각을 바꾸고, 태도와 마음의 변화가 일어나도록 해야 한다. 길가나 가시떨기 위에 떨어진 씨앗이 아니라 좋은 땅에 떨어진 씨앗이 되어야 한다. 백 배, 육십 배, 삼십 배의 결실을 맺어야 한다(마 13:1-8).

> ²¹ 그러므로 모든 더러운 것과 넘치는 악을 내버리고 너희 영혼을 능히 구원할 바 **마음에 심어진 말씀을 온유함으로 받으라** ²² **너희는 말씀을 행하는 자가 되고 듣기만 하여 자신을 속이는 자가 되지 말라** ²³ **누구든지 말씀을 듣고 행하지 아니하면** 그는 거울로 자기의 생긴 얼굴을 보는 사람과 같아서 ²⁴ 제 자신을 보고 가서 그 모습이 어떠했는지를 곧 잊어버리거니와 ²⁵ 자유롭게 하는 온전한 율법을 들여다보고 있는 자는 **듣고 잊어버리는 자가 아니요 실천하는 자니** 이 사람은 그 행하는 일에 복을 받으리라(약 1:21-25).

야고보 사도의 가르침에 따르면 말씀을 온유함으로 받아 마음속에 간직할 뿐만 아니라 행하는 자, 실천하는 자가 되어야 한다. 말씀을 듣기만 하고 행하지 않으면 결국 자신을 속이는 자가 된다. 말씀을 듣고도 행하지 않으면 자기의 얼굴을 거울로만 바라보는 사람과 같다. 참으로 복된 사람은 말씀을 듣고 잊어버리는 자가 아니라 실천하는 자다. 시편 1편 1-2절이 말한 "복 있는 사람"은 하나님의 율법을 주야로 묵상하는 자일뿐 아니라 실천하는 자다.

³³ 사도들이 큰 권능으로 주 예수의 부활을 증언하니 무리가 큰 은 혜를 받아 ³⁴ 그중에 가난한 사람이 없으니 이는 밭과 집 있는 자는 팔아 그 판 것의 값을 가져다가 ³⁵ 사도들의 발 앞에 두매 그들이 각 사람의 필요를 따라 나누어 줌이라(행 4:33-35).

초대 교회 성도들은 사도에게서 주 예수의 부활을 들었다. 이를 통해 은혜를 받았는데, 은혜받는 것에 머물지 않고 가난한 자를 위한 구제를 실천했다. 설교 말씀의 묵상이 구체적인 실천으로 이어진 것이다. 설교를 듣는 것으로 만족하지 말고 삶 속에서 실천해야 한다. 들은 설교를 삶에 새기고, 그 삶이 설교가 되게 해야 한다.[64] 이렇게 함으로써 모든 청중은 설교자가 된다.

웨스트민스터 소요리문답 제90문답과 웨스트민스터 대요리문답 제160문답은 야고보서 1장 25절을 근거 구절로 제시하면서, 들은 말씀을 삶 속에서 실천하고 열매 맺어야 한다고 가르친다.

웨스트민스터 소요리문답

90문: 말씀을 어떻게 읽고 들어야 구원에 효력 있게 됩니까?

---

64. Augustinus, *De Doctrina Christiana*, IV, xxviiii, 61. "삶 그 자체가 웅변적 설교가 되게 해야 한다"(*copia dicendi forma uiuendi*). 아우구스티누스의 유명한 이 말은 설교자뿐 아니라 청중에게도 적용된다.

답: 말씀이 구원에 효력 있게 되려면, 우리는 부지런함과 준비와 기도로써 참여해야 하며, 믿음과 사랑으로 그 말씀을 받아들여 마음 속에 간직하고, **우리의 삶에서 실천해야 합니다**(약 1:25).

웨스트민스터 대요리문답

160문: 설교 된 말씀을 듣는 사람들에게는 무엇이 요구됩니까?

답: 설교 된 말씀을 듣는 사람들에게 요구되는 것은 부지런함과 준비와 기도로 참여하며, 그 들은 바를 성경으로 살펴보고, 믿음과 사랑과 온유와 준비된 마음으로 진리를 받되, 하나님의 말씀으로 받아들이며, 그것을 묵상하고, 참고하며, 마음속에 간직하고, **삶 속에서 그 열매를 맺는 것입니다**(약 1:25).

설교를 듣고 자신의 평소 생각이 잘못되었음을 깨달았다면 생각을 바꿔야 한다. 지금까지 교회의 주인이 교인이라고 생각했는데, 설교를 듣고 나서 예수 그리스도이심을 배웠다면, 이제껏 갖고 있던 생각을 고쳐야 한다. 지금까지 나만을 위해 사는 게 당연한 줄 알았는데, 설교를 듣고 나서 내가 아닌 이웃과 하나님의 영광을 위해 살아야 한다고 배웠다면, 그렇게 삶을 바꿔야 한다. 설교를 아무리 들어

도 변화가 따르지 않는다면, 그건 설교를 즐기는 일에 불과하다.[65]

우리는 하나님의 말씀을 듣는 자로 부름받았다. 그런데 듣는 것으로 그쳐서는 안 된다. 들은 대로 살아 내야 한다. 치열한 삶의 현장에서 말씀과 씨름해야 한다. 말씀이 삶에서 메아리쳐야 한다. 듣기는 들었으나 정작 그대로 살아 내지 않는다면 그 듣기는 무의미하다.

우리의 삶이 선포되는 말씀 위에 세워져야 한다. 하나님의 말씀을 듣는 이유는 말씀대로 살기 위해서다. 말씀대로 행하는 자야말로 말씀을 가장 잘 듣는 자다. 애썼음에도 불구하고 사람의 연약함과 죄성 때문에 온전히 해내지 못하는 것이야 어쩔 수 없지만.

> [3] 우리가 너희를 위하여 기도할 때마다 하나님 곧 우리 주 예수 그리스도의 아버지께 감사하노라 [4] 이는 그리스도 예수 안에 너희의 믿음과 모든 성도에 대한 사랑을 들었음이요 [5] 너희를 위하여 하늘에 쌓아 둔 소망으로 말미암음이니 곧 너희가 전에 복음 진리의 말씀을 들은 것이라 [6] 이 복음이 이미 너희에게 이르매 너희가 듣고 참으로 하나님의 은혜를 깨달은 날부터 너희 중에서와 같이 또한 온 천하에서도 열매를 맺어 자라는도다(골 1:3-6).

---

65. 김남준, 『거룩한 삶의 은밀한 대적 게으름』, 100.

² 사랑하는 자여 네 영혼이 잘됨같이 네가 범사에 잘되고 강건하기를 내가 간구하노라 ³ 형제들이 와서 네게 있는 진리를 증언하되 네가 진리 안에서 행한다 하니 내가 심히 기뻐하노라 ⁴ 내가 내 자녀들이 진리 안에서 행한다 함을 듣는 것보다 더 기쁜 일이 없도다(요삼 1:2-4).

이 두 구절에 의하면, 바울과 요한은 자신의 설교 사역을 통해 사람들이 열매 맺고 있다는 소식을 듣고 기뻐한다. 진리의 복음을 듣고 진리 안에서 행하는 것으로 인해 하나님께 감사한다. 설교자를 위해 실천하는 건 아니지만, 실천이야말로 설교자의 사역을 기쁘게 하는 가장 큰 힘이다. 설교대로 살기 위해 애쓰는 청중을 보는 것만큼 설교자에게 기쁜 일도 없다. 반면 청중이 설교 메시지와 정반대 되는 삶을 살 때, 설교자는 의욕을 상실하고 심하면 설교에 대한 두려움을 갖게 된다.[66]

설교는 듣기다. 그런데 단순한 들음이 아니다. 듣는 것으로 끝나지 않는다. 들음을 넘어 이해하고 공감하고 분별하고 실천하는 것까지가 설교 듣기다. 그렇기에 설교 듣기는 수동적이 아니라 능동적이다.[67]

---

66. 최성수, 『어떻게 하면 설교를 바르게 들을 수 있을까』, 188.
67. 최성수, 『어떻게 하면 설교를 바르게 들을 수 있을까』, 171.

청중은 가만히 앉아서 설교를 그냥 듣는 사람들이 아니다. 적극적으로 들어야 한다. 들음을 삶으로 실현해야 한다.

7장

어떻게 설교자를 도울 수 있는가?

하나님의 말씀인 설교는 사람인 설교자를 통해 나온다. 설교자의 인격, 경건, 묵상, 시간, 건강, 연구, 삶, 열정 등에서 비롯된다. 설교자가 이 모든 걸 충분히 갖출 때 설교는 더욱 풍성해진다. 이 중에서 하나라도 잃어버릴 때 설교는 빈곤해진다. 설교자는 이 모든 것을 갖추기 위해 스스로 노력해야 한다. 더불어 청중이 설교자를 도울 수 있다.

청중이 설교자의 인격이나 경건, 묵상, 삶을 직접 돕기는 어렵지만, 설교자의 시간이나 건강, 연구, 열정 등에 대해서는 지원을 해줄 수 있다. 그럴 때 설교자의 경건이나 묵상, 삶에도 자연스럽게 도움이 돌아갈 것이다. 청중의 도움이 설교에 결정적인 영향을 미치는 건 아니다. 그럼에도 설교를 풍성케 하는 데는 분명 효과가 있다. 청중은 구체적으로 어떻게 설교자를 도울 수 있는가?

● 시간을 주라

설교자가 서재에 앉아서 책을 읽거나 묵상하는 모습을 교인들이 보면, '지금은 별로 안 바쁜가 보다'라고 생각하기 쉽다. 한편, 복사를 하거나 전화 통화를 하거나 분주히 뛰어다니는 모습을 보면 '열심히 일한다'고 생각한다. 눈에 보이는 대로 판단하는 것이다.

하지만 설교자에게 가장 바쁘고 중요한 시간은 서재에 앉아 있는 시간이다. 성경이나 책을 읽으며 설교를 준비하는 시간, 가만히 앉아서 사색하는 시간이 가장 바쁘다. 얼핏 보기에는 한가하게 앉아 있는 것 같지만, 사실은 가장 바쁘고도 중요한 것이 연구와 묵상의 시간이다.

설교자는 직통 계시를 받아 설교하지 않기에 끊임없는 준비가 필요하다. 성경을 읽고 연구하며, 관련 서적들을 참고하여 설교를 준비한다. 공부하지 않고서는 설교가 나올 수 없다. 설교자가 서재에 오래 앉아 있을수록 청중에게 유익하다.

스펄전은 목회자 후보생들에게 이렇게 말했다. "서재에서 더 많은 시간을 보내십시오. 그러면 강단에서 시간이 덜 필요하게 될 것입니다."[68]

---

68. 스펄전, 『스펄전 설교론』, 213.

특히 묵상과 연구는 자투리 시간으로 되지 않는다. 30분 동안 앉아 있다가 잠시 다른 일을 하고 돌아와 다시 30분 동안 앉아 있고, 전화 통화를 하고 또다시 30분 앉아 있었다면, 1시간 30분 동안 묵상과 연구를 한 게 아니라 하나도 못한 것과 같다. 넉넉한 시간이 보장되어야 가능한 일이 묵상과 연구다.

설교자가 서재에 머무는 시간을 확보해 주는 것이 중요하다. 교회의 많은 행사들, 분주한 교계 집회 등은 설교자가 연구에 집중하는 데 방해가 된다. 설교자가 다른 일에 시간과 주의를 빼앗길수록 말씀을 묵상하고 연구하는 시간은 사라진다. 이러한 일이 가끔 있을 때는 그나마 괜찮은데, 일정 기간 계속될 때는 치명적이다. 말씀 연구는 습관에 기초하기 때문이다. 수년간 바쁜 일에 쫓겨 말씀 연구하는 습관을 잃어버린 설교자가 어느 날 갑자기 연구를 시작하기는 힘들다.

설교 준비는 자투리 시간에 할 수 없기에 누구의 방해도 받아서는 안 된다. 긴 호흡이 필요하다. 설교자가 충분한 시간을 확보하기 위해서는 청중의 도움이 필요하다.

조선예수교장로회 헌법 1922년판에서부터 지금까지 실려 있는(상당수의 교단 헌법에는 이 내용이 삭제되었다) 내용 중 시찰회가 각 교회를 시찰하면서 질문하는 내용이 있다. 다음은 설교자인 목사에게 하는 질문이다.

매일 성경을 연구하기로 예정한 시간이 있으며, 본 교회 교인들이 이 시간을 허락하고 방해하지는 않습니까?

설교자는 연구 시간을 스스로 정해 두어야 한다. 교인들은 이 시간을 용인하고 방해해서는 안 된다. 설교자의 연구 시간 확보는 설교자의 의지뿐만 아니라 교인들의 배려가 필요한 일이다. 설교자 스스로도 분주하지 않으려고 노력해야 하지만, 교인들 역시 설교자를 분주하게 만들어서는 안 된다. 설교자가 분주하면 할수록 설교의 질은 떨어지게 마련이다. 설교자가 '일하지 않고 놀까 봐' 걱정하는 사람들이 있지만, 실제로는 설교자가 여유로울수록 설교의 질이 높아질 가능성이 높다.

설교자의 가장 중요한 사역은 설교다. 이를 위해 상당한 시간을 설교 준비에 보내야 한다. 설교자가 설교 외의 업무로 바빠서 정작 설교를 준비할 시간이 부족하다면, 이것은 설교자 개인의 문제라기보다는 교회 전체 차원에서 다루어야 할 문제다.[69]

주일 오전 설교 한 편을 준비하는 데 걸리는 시간은, 개인차가 있겠지만 최소 스무 시간 정도다. 설교자가 책상 앞에 머물 수 있는 시

---

69. 황대우, "설교 준비 없이 설교하기?", 『담임목사가 되기 전에 알아야 할 7가지』(공저; 세움북스, 2016), 85.

간을 넉넉잡아 하루에 여섯 시간이라고 할 때, 최소한 사흘은 책상 앞에 앉아 있어야 한다는 셈이다. 일주일에 두 편의 설교를 하려면 엿새를 앉아 있어야 하는데, 주일을 빼면 날마다 하루 종일 책상 앞에 있어야 한다는 이야기다. 30분 설교를 위한 설교문의 분량은 A4 용지로 대략 6-7장이다. 타이핑을 해도 한두 시간은 족히 걸리는 분량이다.

설교자는 설교 외에도 성경공부 인도, 심방, 행정, 회의, 노회 활동, 기타 업무를 해야 한다. 비단 설교 준비를 위해서가 아니라도 평소에 독서도 해야 한다. 그러자면 설교자 개인이 알아서 시간을 확보하는 것이 우선이겠지만, 그와 함께 교회 차원의 도움이 절실하다. 청중은 설교자가 꼭 참여하지 않아도 되는 모임에 설교자를 자주 부르지 않도록 해야 한다. 설교자가 설교가 아닌 일에 시간을 뺏기지 않도록 도와야 한다.[70]

청중은 설교자가 '우리'의 설교자이기보다 '나'의 설교자이기를 원하는 경향이 있다. 그러다 보니 심방을 받고 싶어 한다. 물론 심방은 설교자가 해야 할 중요한 일이다. 하지만 금요일이나 토요일에는 되

---

70. 미국의 유명한 강해 설교자 존 맥아더(John MacArthur, 1939년-현재) 목사는 그레이스커뮤니티 교회에서 청빙받을 당시, 설교 외의 교회 업무는 일절 사양하며 설교 준비를 위해 주 40시간을 주지 않으면 청빙에 응하지 않겠다고 말했다. 한국 교회에서는 상상하기 힘든 일이지만, 맥아더의 요청이 갖는 의미를 진지하게 생각해 볼 필요가 있다.

도록 심방 요청을 피하는 것이 좋다. 심방 요청을 할 때 설교자가 적절한 시간으로 조정을 부탁하는 경우, 이를 불편하게 생각해서는 안 된다. 성경 연구 시간을 확보하기 위해 어쩔 수 없이 부탁한 것일 수 있기 때문이다. 특히 심방은 한두 사람에게 유익을 주지만, 설교는 많은 사람에게 유익을 준다는 사실을 기억하자. 자신뿐 아니라 다른 성도들을 생각하는 지혜로운 심방 요청이 필요하다.

더 나아가 교회와 청중은 설교자가 공부할 수 있도록 재정으로도 도와야 한다. 당회는 설교자가 공부할 수 있도록 정책적으로 시간과 재정을 지원해 주는 것이 좋다. 설교자를 위한 수많은 교육 기회와 목회자 연장 교육에 참여할 수 있도록 도울 수 있다. 공적으로 연구비를 책정하고 보조해 줄 수도 있다. 이것은 설교자 개인을 위함이 아니라 설교자의 설교를 위함이요, 그 설교로 유익을 얻을 청중을 위함이다.

청중이 개인적으로 설교자에게 도서상품권을 선물하는 것도 좋지만, 공적인 차원에서 교회가 설교자에게 도서비를 여유롭게 제공하는 것이 가장 좋다. 설교자에게 도서비를 제공하는 것은 교회의 오랜 전통임에도 불구하고 오늘날 그렇게 하지 않는 교회가 늘고 있다. 설교자를 위한 도서비 지급은 지출이나 낭비가 아니라 투자다. 당장 눈

앞에 드러나지 않더라도 장기적으로 교회에 큰 유익을 끼친다.[71] 또한 설교자를 위한 도서비 지급은 도서 구매로 이어지고, 기독교 출판시장에 활력을 불어넣어 더 좋은 서적의 공급으로 이어지고, 설교자와 청중이 더 좋은 기독교 서적을 읽게 되는 선순환을 낳는다.

중국 송나라 쓰촨 출신의 정치가요 시인이었던 구양수(歐陽脩, 1007-1072년)는 글을 잘 쓰기 위해서는 삼다(三多)가 필요하다고 말했다. 다독(多讀), 다작(多作), 다상량(多商量)이다. 많이 읽고, 많이 쓰고, 많이 생각하라는 것이다. 이 세 가지는 글쓰기의 기초다. 마찬가지로 설교자는 많이 읽고, 많이 생각해야 한다. 그래야 잘 쓸 수 있고 잘 말할 수 있다. 그런데 읽고 생각하는 것은 여유로움에서 나온다.

프랑스 소설가 기욤 뮈소(Guillaume Musso, 1974년-현재)는 네 쪽의 글을 쓰기 위해 열다섯 시간을 책상 앞에 앉아 있는다고 한다. 의자에 엉덩이를 붙이고 앉아 있는 것이 최고의 글쓰기 방법이라고 말한다. 소설가와 설교자를 같은 선상에서 비교할 수는 없지만, 둘 다 글쓰기를 기초로 한다는 점에서 동일하다. 의자에 엉덩이를 붙이고 앉아 있는 것이 설교 준비를 위한 기초다.

매주일 오전 예배 시간에 설교하는 담임목사 외 부교역자들도 마찬가지다. 많은 부교역자들이 교회 사역으로 20대 후반과 30대, 그리

---

71. 교회가 설교자를 위해 도서비를 제공하는 것의 의미에 대해서는 다음을 보라. 스펄전, 『스펄전 설교론』, 277-279; 허순길, 『개혁교회의 목회와 생활』(총회출판국, 1994), 33, 35.

고 40대 초반을 바쁘게 보낸다. 그러다 보니 공부할 동력을 잃어버린다. 공부란 습관이 필요하고 체력이 뒷받침되어야 한다. 부교역자 시절 10여 년 동안 공부하는 습관을 들이지 않다가 담임목사가 되고 나서야 공부한다는 것은 거의 불가능하다.

신학교를 졸업한 지 얼마 되지 않은 강도사 시절이었다. 교회 사무실 책상 앞에 앉아 주석을 읽으며 공부하고 있는데, 지나가던 부목사님이 이렇게 말했다. "손 강도사, 젊을 때 공부 많이 해. 나는 젊을 때 교회 사역 한답시고 돌아다녀서 공부하는 습관을 들이지 못했어. 이제는 책상 앞에 앉아도 공부가 안 돼."

오늘날 많은 설교자들이 부교역자로 보내는 시간이 점점 길어지고 있다.[72] 담임목사 임지가 적을 뿐 아니라 교회의 고령화로 그렇다. 그러다 보니 부교역자 시절을 오래 지나는 동안 공부하는 습관을 잃고, 막상 담임목사가 되어서는 말씀을 연구할 힘을 갖추지 못한 경우가 많다.

이것은 설교의 질 저하로 이어지고, 그 결과는 다음세대의 청중이 고스란히 떠안아야 할 몫이 된다. 이러한 악순환을 막기 위해서는 인식부터 바꿀 필요가 있다. 부교역자는 노역자(勞役者)가 아니라 현

---

72. 1990년대 이전에 신학교를 졸업한 설교자의 상당수는 부교역자 시절을 거의 보내지 않았거나 보냈어도 짧은 경우가 많다. 하지만 이후의 설교자들은 10년 이상 부교역자 시절을 보내는 경우가 다반사다.

재의 설교자요 미래의 담임목사다.

● 칭찬을 아끼지 말라

"칭찬은 고래도 춤추게 한다." 한때 유행했던 책 제목이다. 칭찬은 설교자도 춤추게 한다. 대부분이 그렇지만, 설교자는 특히 칭찬에 약하다. 설교를 듣고 나서 청중이 건네는 따듯한 말 한마디에 힘을 얻는다.

"오늘 말씀 감사합니다."
"오늘 은혜 많이 받았습니다."
"설교 준비하느라 애쓰시지요?"
이러한 격려는 설교자를 돕는 최고의 방법이다.

말 한마디는 어렵지 않다. 한마디 말이 설교자에게 힘을 주고, 설교할 맛을 나게 한다. 설교자의 열정을 돕는다. 격려를 들은 설교자는 신바람이 난다.

그렇다고 너무 자주 하는 것도 바람직하지 않다. 너무 잦은 칭찬은 설교자를 오히려 교만하게 만들 수 있다. 우쭐하게 만든다. 설교자들은 이런 유혹에서 자유롭지 못하다. "설교 잘해서 교인들에게 인기를 얻어야지."

칭찬 한마디보다 더 좋은 것은 말씀대로 사는 것이다. 청중이 말쓴대로 사는 모습을 볼 때 설교자는 힘을 얻는다. 열정이 살아난다 (요삼 1:2-4). 청중이 말씀대로 살지 않을 때 설교자는 힘을 잃는다. 열정이 죽는다. 설교할 맛을 잃는다. 비록 말씀대로 다 살지 못해도 말씀대로 살기 위해 노력한다면, 그런 모습을 조금이라도 보인다면 설교자는 기쁘다. 힘이 난다. 설교자를 돕는 방법이다.

● 겸손하게 조언하라

하나님은 연약하고 부족한 사람을 설교자로 세우셨다. 설교자도 때로 실수를 한다. 설교 중에도 실수하고, 삶 속에서도 실수한다. 설교자도 부족한 사람이다. 완성된 사람이 아니다. 청중과 마찬가지로 그리스도의 장성한 분량까지 자라 가는 중이다. 자라다가 멈추기도 하고 도리어 이전으로 돌아가기도 한다. 말 실수를 하기도 한다. 사도 야고보는 "우리가 다 실수가 많으니 만일 말에 실수가 없는 자라면 곧 온전한 사람이라 능히 온몸도 굴레 씌우리라"(약 3:2)고 말했다.

설교자의 입장에서는 스스로 조심해야겠지만, 청중의 입장에서는 설교자의 실수도 받아 줄 줄 알아야 한다. 물론 지속적으로 실수한다든지, 잘못된 교리를 전한다면 문제가 된다. 그렇지 않은 지엽적인 실수나 오류일 경우 적절히 권면하되, 설교의 전체 내용이 바르다면 거기에서 은혜를 받아야 한다.

그럼에도 설교자에게 조언이 필요할 때가 있다. 그때는 찾아가 겸손하게 조언해야 한다. 성숙한 설교자라면 건설적인 비판과 건의를 충분히 받아들일 것이다. 또한 조언하되 기다릴 줄 알아야 한다. 청중이 설교자에 대해 기다리는 만큼이나 설교자도 청중의 변화를 인내하며 기다리고 있음을 기억하자.

청중이 설교자에게 조언을 하면서 질문하는 형식을 취할 때가 있다. 만약 자기 생각을 관철하기 위한 질문이라면, 질문하기보다는 차라리 정중히 건의하는 편이 좋다. 추궁하듯 설교자의 변화를 요구한다면 마찰을 피할 수 없기 때문이다.[73]

간혹 설교자에게 조언을 하는 게 아니라 딴지를 거는 청중이 있다. 이런 행동은 1차적으로는 설교자를 힘들게 하지만, 궁극적으로는 교회 전체를 어렵게 만든다. 설교자가 지속적으로 그런 일을 겪는다면 설교를 준비할 때마다 신경이 쓰일 것이다. '이 부분은 오해받지 않을까?', '이렇게 말하면 또 트집을 잡는 사람이 있지 않을까?' 하는 생각에 운신의 폭이 좁아진다. 결국 사역 전체에 영향을 받는다.

> 너희를 인도하는 자들에게 순종하고 복종하라 그들은 너희 영혼을 위하여 경성하기를 자신들이 청산할 자인 것같이 하느니라 **그들로**

---

73. 최성수, 『어떻게 하면 설교를 바르게 들을 수 있을까』, 199-200.

하여금 즐거움으로 이것을 하게 하고 근심으로 하게 하지 말라 그렇지 않으면 너희에게 유익이 없느니라(히 13:17).

설교자가 근심하며 사역하기보다는 즐겁게 할 수 있도록 도와주어야 한다. 설교자가 자신의 삶이 아닌 청중의 딴지로 인해 근심한다면, 그 불이익이 모두 청중에게 돌아간다는 사실을 잊지 말자. 결과적으로 우리에게 아무 유익이 없다.

혹시 주변에 설교자에게 딴지 거는 것을 즐기는(?) 교인이 있다면 설교자를 대신해 권면하는 것도 용기 있고 슬기로운 행동이다. 설교자는 당사자인 데다가 여러 가지 상황으로 인해 직접 권면하기 어려운 위치일 수 있기 때문이다. 그럴 때 주변 사람들이 조언하거나 적절히 조치해 설교자가 겪을 어려움을 미리 막을 수 있다.

● 설교 부담을 줄여 주라

일을 많이 할수록 결과물이 많아질까? 하루 종일 일하면 능률이 오를까? 그렇지 않다. 일의 기간과 횟수에 결과물이 정비례하는 건 아니다. 너무 자주, 너무 오래 하면 오히려 역효과가 날 때가 많다.

성악가가 매일 쉬지 않고 노래를 부른다고 노래를 더 잘 부르게 되지 않는다. 오히려 목이 상할 수 있다. 운동선수 역시 쉬지 않고 연습하고, 매일같이 강도 높은 훈련과 경기를 치르는 등 무작정 몸을 혹사한다면 선수 생활을 오래 할 수 없다. 더 좋은 실력을 기르려면 적당한 쉼과 훈련이 필요하고, 경기 횟수도 지혜롭게 조절해야 한다.

설교자도 마찬가지다. 일주일에 설교를 서른 번 하는 사람을 보고 '그렇게 설교를 많이 하니 설교를 보통 잘하는 게 아닐 거야'라고 생각한다면 오해다. 일주일에 설교를 서른 번 하는 사람보다 한 번 하는 사람이 더 잘할 수 있다. 더 좋은 설교를 위해서는 설교를 하지 않고 있는 시간이 '제법' 있어야 한다.

한국 교회의 설교자들은 전 세계에서 설교를 가장 많이 한다. 일주일에 최소한 열 번하는 경우가 대부분이다. 주일 오전과 오후, 수요기도회, 금요기도회, 매일 새벽기도회만 해도 열한 번이다. 그 밖에 또 다른 설교가 더해질 때가 셀 수 없이 많다. 준비는커녕 묵상도 기도도 제대로 하기 힘든 상황에서, 설교자에게 좋은 설교를 기대하는 건 지나친 요구다. 스펄전이나 로이드 존스가 살아 돌아온다 해도 어렵다.

설교자의 설교 부담을 줄여 줄 필요가 있다. 한국 교회가 전체적으로 캠페인이라도 벌여야 한다. 외국의 설교자들은 설교를 일주일에 두세 번 정도 한다. 네덜란드 개혁교회의 목사는 일주일에 주일 오전과 오후(혹은 저녁) 두 번만 설교한다. 그런데도 일부 목사들은 한 편의 설교를 준비하는 데 소비되는 시간이 약 스무 시간이므로 설교

를 일주일에 한 편만 하게 해달라고 청원한 적이 있다.[74]

전도회 월례회에서는 굳이 목사에게 설교를 청하지 말고, 그냥 회의하고 편하게 대화를 하자. 교인들이 야유회에 가서 꼭 목사의 설교를 들어야 하는 걸까? 기도로 시작하면 족하다. 그렇게 해서라도 설교자의 부담을 줄여 주자.

설교자에게 너무 많은 여유를 주는 건 아닐까 하는 기우는 접어 두자. 그 여유가 설교를 풍성하게 해줄 것이다. 설교자의 여유는 결국 설교자 자신보다 청중에게 더 큰 유익이 된다.

● 쉼의 자유를 주라

요즘 유명한 광고회사들은 직원들에게 자유 시간을 많이 준다고 한다. 구글이나 네이버 같은 인터넷 관련 회사들도 출퇴근 시간 등의 업무 환경이 비교적 자유롭다. 잘 알다시피 신선한 아이디어는 책상 앞에 오래 앉아 있는다고 해서 생기는 게 아니다. 오히려 쉬면서 '빈둥거리는' 시간에 창의적인 생각이 떠오른다.[75]

---

74. 황대우, "설교 준비 없이 설교하기?", 81.
75. 앤드류 스마트, 『뇌의 배신』, 윤태경 옮김 (미디어윌, 2014).

설교 준비는 독특한 노동이다(그렇다고 설교자가 노동자라는 말은 절대 아니다). 설교 준비는 일을 많이 한다고 해서 능률이 오르지 않는다. 적절한 쉼이 있어야 연구와 묵상이 깊어지고 설교가 풍성해질 수 있다.

상당수의 교회에서 설교자에게 안식년이나 안식월(개인적으로는 '휴양 기간', '독서 기간', '연구 기간' 등의 표현을 선호한다)을 제공한다. 좋은 전통이다. 일정 기간의 쉼은 설교자의 정신 건강에 도움이 된다. 이 기간에 설교자는 당장의 설교를 준비하는 대신에 독서와 연구, 기도 생활을 보충할 수 있다. 다시 말하지만, 이것은 결과적으로 청중에게 유익한 일이다.

● **직분에 최선을 다하라**

> [1] 그때에 제자가 더 많아졌는데 헬라파 유대인들이 자기의 과부들이 매일의 구제에 빠지므로 히브리파 사람을 원망하니 [2] 열두 사도가 모든 제자를 불러 이르되 우리가 하나님의 말씀을 제쳐 놓고 접대를 일삼는 것이 마땅하지 아니하니 [3] 형제들아 너희 가운데서 성령과 지혜가 충만하여 칭찬받는 사람 일곱을 택하라 우리가 이 일을 그들에게 맡기고 [4] 우리는 오로지 기도하는 일과 말씀 사역에 힘쓰리라 하니 [5] 온 무리가 이 말을 기뻐하여 믿음과 성령이 충만한 사람 스데반과 또 빌립과 브로고로와 니가노르와 디몬과 바메나와

유대교에 입교했던 안디옥 사람 니골라를 택하여 ⁶사도들 앞에 세우니 사도들이 기도하고 그들에게 안수하니라 ⁷하나님의 말씀이 점점 왕성하여 예루살렘에 있는 제자의 수가 더 심히 많아지고 허다한 제사장의 무리도 이 도에 복종하니라(행 6:1-7).

초대 교회가 시작된 이후로 사도는 교회의 창설 직원으로서 교회를 세우는 일을 주도했다. 말씀과 기도, 구제 등 교회의 모든 일을 감당했다. 그러나 교인(제자)의 수가 많아지면서 문제가 생겼다. 사람이 많다 보니 헬라파 유대인 과부들이 구제에서 누락되면서 히브리파 사람들을 원망하게 된 것이다. 이 문제를 해결하기 위해 열두 사도는 모든 성도들을 불러모았다. 그리고 일곱 명의 직분자를 세워 구제를 대신하게 했다. 그 결과 하나님의 말씀이 점점 왕성해졌다.

일곱 명의 직분자를 세운 결과에 대해 성경이 증언하는 바를 보면 매우 흥미롭다. 문맥상 "헬라파 과부들이 구제에서 빠지는 일이 없어졌고, 헬라파 유대인들이 히브리파 사람들을 원망하는 일도 사라졌느니라"는 말이 나와야 할 것 같다. 문제의 원인이 구제에 있지 않았는가? 그러나 성경은 말씀이 왕성해진 것에 관심을 둔다. 설교자의 짐이 줄었기에 말씀 선포가 좋아졌다는 것이다.

교회에는 설교자 말고도 다른 직분자들이 있다. 그들은 교회에 필요한 여러 가지 일을 돕는다. 그들의 섬김은 결국 설교를 풍성케 한다. 설교자의 짐을 나누어 지기 때문이다(신 1:9).

그런데 오늘날 갈수록 직분자의 섬김이 약해지고, 직분이 명예화되고 있다. 설교자인 부교역자가 장로와 집사의 일을 대신하는 경우가 많다. 그런 일이 하도 많아 이제는 하나의 관습과 문화가 되고 있는 실정이다. 부교역자를 설교자로 생각지 않는 것이다. 사실 심방과 사무는 장로와 집사의 일이지 부교역자의 일이 아니다.[76] 장로와 집사가 제 역할을 해야 기도와 말씀 사역에 부름받은 설교자들이 맡은 일에 힘쓸 수 있다.

지금 당장 강단에 서는 설교자뿐 아니라 설교자 준비 과정에 있는 사람도 설교자로서 합당한 대우를 해주자. 그것이 장래의 설교자를 준비하는 일이고, 장래의 청중을 위한 일이다.

---

76. 나와 몇몇 목회자들이 공저한 『교회의 직분자가 알아야 할 7가지』를 참고하라.

덧붙여

인터넷 동영상 설교 시청에 대하여.

오늘날 문명의 이기가 발달하면서 인터넷을 통한 설교 듣기가 유행이다. 이전에는 없던 방식이다. 많은 교회들이 홈페이지에 동영상 설교를 제공하고 있고, 유튜브에는 수많은 동영상 설교가 올라와 있다. 이런 환경 속에서 많은 교인들이 자기 교회 설교자의 설교보다는 다른 동영상 설교에서 은혜를 받으려고 한다. 이미 고인이 된 설교자의 동영상 설교로 예배를 드리는 이들도 있다.

이것은 다음 몇 가지 이유에서 썩 바람직한 일은 아니다.

첫째, 설교는 예배의 전체가 아닌 일부분이며 은혜의 방편 중 하나다. 설교는 예배에 포함된 많은 순서 가운데 하나지 설교만 독립적으로 존재하지 않는다. 그러므로 설교만 따로 떼어 촬영한 동영상에서 은혜를 받으려고 하는 건 바람직하지 않다. 설교는 다른 예배 순서들과 함께할 때 진정한 의미가 있다.

둘째, 설교는 그 교회의 회중을 위한 것이다. 교회란 철저히 지역

교회로서 회중 간의 인격적 교제에 기초해야 하며, 말씀 선포는 한 지역교회의 회중을 위한 것이다. 그런 점에서 설교자인 목사와 회중의 인격적 교제가 기반이 된 말씀 선포가 가장 의미 있다. 설교는 지역교회의 예배 시간에 선포될 때 가장 의미 있다. 하나님은 이 세상에 단 하나의 교회, 단 한 명의 설교자를 두지 않으셨다. 각 지역마다 교회를 세우시고, 여러 설교자를 허락해 모든 성도로 하여금 각 지역교회의 설교자를 통해 말씀을 듣게 하셨다.

셋째, 동영상 설교의 도입이 복음의 확산에 도움이 되고 있음을 완전히 부정하기는 어렵지만(동영상 설교로 복음을 처음 접하는 경우는 많지 않으나, 잘못된 신앙을 바르게 깨닫고 바른 신앙을 갖게 되는 경우가 분명히 있다. 하지만 그 반대의 경우도 있다), 그 이면에는 설교자들의 설교를 비교, 평가하게 된다는 부정적인 면도 있다. 더욱이 교인들이 설교를 따라 교회를 옮기는 등 교회 질서에 혼란을 주기도 한다.

설교는 말씀을 진리로 받아들여 묵상하며 삶 속에서 열매를 맺기 위한 수단이다. 그런데 인터넷 동영상으로 시청할 경우, 설교가 감상하고 평가하는 대상이 되기 쉽다. 이는 지양해야 한다.[77] 문명의 발달이 우리에게 편리함을 가져다주지만 때로는 부정적인 요소가 많다는 점을 기억하자.

---

77. 유해무,『헌법해설: 웨스트민스터 신앙고백서/대소교리문답서』(총회출판국, 2015), 155.

그리스도인은 자기가 속한 교회의 강단에서 선포되는 말씀을 중심으로 신앙생활을 해야 한다. 그렇지 않고 인터넷 동영상 설교나 신앙 서적에서 더 많은 유익을 누리고 있다면, 그 내용이 아무리 좋다고 해도 돌아볼 필요가 있다. 인터넷 동영상 설교와 신앙 서적은 설교를 돕는 보조 수단이어야 한다.

하나님은 우리에게 바울의 설교를 녹음해서 남겨 주지 않으셨고, 칼뱅이나 스펄전의 설교를 예배 중에 읽으라고 하지도 않으셨다. 오히려 각 교회에 설교자를 세워 그들을 통해 말씀을 선포하게 하신다. 비록 그들이 부족하다 할지라도.

나오며

구경꾼에서 참여자로.

설교, 때로는 잔소리처럼 들리고, 때로는 뙤약볕 운동장에서 울려퍼지던 교장 선생님의 훈화처럼 들리지만 분명 하나님의 말씀이다.

설교는 우리의 죄를 깨닫게 하고, 통회 자복하게 하며, 우리의 상처 입은 심령을 어루만지고, 그리스도의 십자가와 부활의 기쁨을 맛보게 하며, 세상이 감당할 수 없는 믿음을 갖게 해주고, 장래의 소망을 품게 해준다. 설교에서 우리는 은혜와 위로와 기쁨을 맛본다.

하나님은 우리를 이 '미련한' 설교를 듣는 자로 부르셨다. 우리 모두는 그 부르심(소명)을 따라 살아야 한다. 설교를 듣는 일은 중요하다. 어쩌면 설교자가 받은 소명보다 더 중요하다. 우리는 그 부르심에 순종해야 한다. 단지 듣기만 하는 게 아니라 듣고 행하는 청중이 되어야 한다. 청중은 결코 구경꾼이 아니다. 말씀 공동체의 참여자다.

이 책을 다 읽고 어떤 느낌을 받았는가? 이 책도 한 편의 설교처럼 들렸을지 모르겠다. 부정적인 의미에서의 설교 말이다. 설령 그렇더라도 부디 더 훌륭한 청중이 되기 위한 지침으로 생각해 주기를 바란다.

이 책을 다 읽고 나서 훌륭한 청중이 되기 위해 나름 노력했는데도 설교에서 은혜를 받지 못한다면 어떻게 해야 할까? 이것은 누구의 문제일까? 이유는 여러 가지겠지만, 다음 세 가지 경우로 압축해 볼 수 있다.

첫째, 청중이 좀 더 노력해야 하는 경우다.
둘째, 성령의 도우심이 필요한 경우다.
셋째, 설교자에게 문제가 있는 경우다.

첫 번째 경우에는 스스로 노력하면 되지만, 두 번째와 세 번째 경우에는 청중이 어떻게 할 수 없다. 두 번째의 경우 성령님의 도우심을 위해 좀 더 기도할 뿐이다. 문제는 세 번째다. 설교자의 문제라면 어떻게 할까?

나도 형편없는 설교를 들은 적이 많다. 낯이 뜨거워질 만큼 심각한 설교도 여러 번 들었다. 당장 자리를 박차고 나가고 싶은 설교도 있었다. 중간에 손을 들고 "이제 제발 말씀을 전해 주세요"라고 외치고 싶은 설교도 들어 보았다. 지금도 그런 설교를 들으면서 고생하는 청중이 우리 주변에 많다.

성경 해석은 전혀 없고, 인터넷이나 예화집에서 가져온 감동적인 이야기로 가득 채운 설교, 일주일 동안 있었던 자기 생활을 열거하며 시간을 다 보내는 설교, 잔소리같이 식상한, 그러면서도 두서없는 말들만 가득한 설교가 버젓이 하나님의 말씀이라는 이름으로 전파되기도 한다.

그런 설교자를 둔 청중은 이 책을 다 읽고 나서 부디 화내지 말기를 바란다. '목사들이 설교를 못하니 이제는 청중을 탓하네'라고 생각지 말기 바란다. 어떤 부류든 그 속에는 몇몇 안 좋은 사람들이 있게 마련이다. 이 땅의 수많은 설교자 중에는 분명 안 좋은 설교자도 있다. 그렇다고 모든 설교자를 매도해서는 안 된다.

지금도 한 편의 설교 준비하기 위해 서재에서 머리를 싸매고 끙끙 앓는 설교자들이 많다. 늦은 밤 서재에 홀로 앉아 한 단어씩, 한 문장씩 다듬으며 설교 원고를 써 내려가는 설교자들이 있다. 우리를 말씀의 숲과 오솔길로 인도하기 위해 애쓰는 설교자들이 여전히 있다. 본문에서 은혜의 샘물을 길어 올려 우리의 영혼을 흠뻑 적셔 주려고 노력하는 설교자들이 있다. 준비한 설교의 70퍼센트밖에 전달하지 못한 것 같아 강단에서 내려와 머리를 쥐어뜯으며 애통해하는 설교자들이 있다.

하나님께서 설교자를 통해 하시는 말씀에 귀를 기울이라.
나는 과연 설교를 잘 듣고 있는지, 설교 듣는 법을 잘 모르고 있지 않은지 돌아보라.

설교자의 수고가 헛되지 않도록 그를 위해 기도하며 설교를 바르게 들으려고 애쓰는 당신이 되기를 바란다.

훌륭한 청중이 되기를, 그래서 훌륭한 설교자가 많아지기를, 한국 교회의 강단이 참 설교자로 가득 차기를 당신과 더불어 기도한다.

—

하나님께 속한 자는 하나님의 말씀을 듣나니
너희가 듣지 아니함은 하나님께 속하지 아니하였음이로다.

요한복음 8:47

설교, 어떻게 들을 것인가?

초판 1쇄 발행 • 2018년 9월 10일
초판 3쇄 발행 • 2019년 11월 12일

지은이 • 손재익
펴낸이 • 신은철
펴낸곳 • 좋은씨앗
출판등록 • 제4-385호(1999. 12. 21)
주소 • 서울시 서초구 바우뫼로 156, 402호
영업부 • TEL (02)2057-3041 FAX (02)2057-3042
대표메일 • good-seed21@hanmail.net
홈페이지 • www.gsbooks.org
페이스북 • www.facebook.com/goodseedbook

ISBN 978-89-5874-305-7 03230

ⓒ 손재익 2018

이 책의 저작권은 저자 및 저자와 독점계약한 도서출판 좋은씨앗에 있습니다.
신저작권법에 의하여 보호받는 저작물이므로 무단 전재와 무단 복제를 금합니다.